掌握高效沟
成功地进行交谈和交际活动，
成为一个处处受欢迎的人。

李晓桐◎编著

情商高的人
会沟通

吉林出版集团股份有限公司

图书在版编目（CIP）数据

情商高的人会沟通 / 李晓桐编著. — 长春 : 吉林
出版集团股份有限公司, 2018.7
ISBN 978-7-5581-5560-4

Ⅰ. ①情… Ⅱ. ①李… Ⅲ. ①心理交往－通俗读物
Ⅳ. ①C912.11-49

中国版本图书馆CIP数据核字(2018)第158260号

情商高的人会沟通

编　　著	李晓桐
总 策 划	马泳水
责任编辑	齐　琳　史俊南
封面设计	中易汇海
开　　本	880mm×1230mm　1/32
字　　数	200千
印　　张	8
版　　次	2019年10月第1版
印　　次	2019年10月第1次印刷

出　　版	吉林出版集团股份有限公司
电　　话	（总编办）010-63109269
	（发行部）010-67482953
印　　刷	北京欣睿虹彩印刷有限公司

ISBN 978-7-5581-5560-4　　　　定　价：38.00元

前言

　　沟通是人们进行思想交流，以取得彼此了解、信任，建立良好人际关系的一种活动，是我们实现目标、满足需求、追求梦想的重要手段之一。其实，我们每一天都处在与他人沟通的过程中。比如，在家里，我们需要和家人沟通；在学校，我们需要和老师、同学沟通；在工作中，我们需要和上司、客户、下属和同事们沟通；在生活里，我们需要和朋友、陌生人沟通。沟通，真的是无处不在。人们的一生中花费了如此多的时间在进行沟通，但是，大家沟通的成果如何呢？有些人却说最令人痛苦的事，就是自己不被人理解，与别人无法沟通。沟通是人们用来交往的工具，运用得好，会获得好的结果；运用得不好，会带来难以预料的麻烦，这是不可否认的。可以说你的事业成功与否，绝大部分取决于你的沟通能力。

　　沟通并不单单是交流的手段，更是一种个人气质的展现。聪

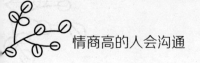

明的人会说话、会办事，是因为他们懂得沟通技巧，所以被朋友尊敬，被社会认同，被上司青睐，被下属拥戴。一个善于沟通的人，可以把自己的生活、工作安排得有趣、有滋有味，不仅使他人快乐，也使自己幸福。

　　本书从多角度入手，通过十个方面，运用通俗易懂的故事和案例，有针对性地讲解了沟通中的实战技巧和方法。通过阅读本书，相信朋友们能够掌握沟通的精髓，发挥沟通的作用，让自己从沟通盲区中走出，成为沟通高手。除此之外，对于那些在沟通方面经常碰壁、不知如何改善的朋友来说，你也可以从本书中寻找到答案。请大家相信，良好的沟通定会让你的人生大放光彩。

目录

第三章　善用技巧，沟通要把握好时机

第四章　幽默口才，拉近人与人之间的距离

目录

第五章　善于倾听，会说不如会「听」

第六章　真诚开口，嘴甜的人总会有人帮

第七章　善待他人，营造与人良好沟通的氛围

目录

第十章　读懂对方，用「无声的语言」达到沟通目的

第一章

讲究分寸，在什么场合说什么话

沟通技巧是一种能力，也是做人做事的原则。想要拥有这样的能力，就必须知道什么样的场合说什么样的话。我们要注意沟通的场合，哪些事情需要少说，哪些问题需要多说；哪些问题避开不提，哪些意思需要着重提起。

不要把与人交谈当作一种竞赛

沟通就是要寻求统一。沟通者不能容忍另类思维，沟通的目的不是要证明谁是谁非，也不是一场你输我赢的游戏，你的目标是要沟通，而不是抬扛。有效沟通不是斗勇斗智，也不是辩论比赛。

与人交谈时，有的人会把彼此的沟通看成是一种竞赛。如果观点不一样，在他看来，就是在挑战，一定要分出高下。如果一个人常在他人的话里寻找漏洞，常为某些细节争论不休，或常纠正他人的错误，借此向人炫耀自己的知识渊博、伶牙俐齿，这样他一定会给人留下不好的印象。这样的人往往忽略了沟通技巧，因为他们把交谈当成了辩论，而不是信息、想法与感情彼此交流的过程，这样的语言表达，不但于事无补，反而可能会"火上浇油"，令沟通无法有效展开。

为了与他人有效沟通，这种竞赛式的谈话方式必须舍弃，而应采用一种随性、不具侵略性的谈话方式。这样当你在表达意见时，别人就容易听进去，而不会产生排斥感。

多交流，求团结，才能促进和谐。只有沟通，双方或多方才能知情，才能信息对称，进而达到认识一致，目标统一，同心同德。在沟通中取得理解，在理解中达成共识，在共识的基础上实现统一，沟通才能收到事半功倍的效果。

一对小夫妻经常为吃苹果发生口角。

女的怕苹果皮上沾了农药有毒，一定要把果皮削掉，而男的则认为果皮有营养，把皮削掉太可惜，所以就常吵架。后来有一次，竟吵到邻居的大爷家去断是非。

大爷对女的说："你先生这么多年都吃没削皮的苹果，还好好的并没死，你担心什么？"大爷又对男的说："你太太不吃苹果皮，你嫌她浪费，那你就把她削的苹果皮拿去吃掉，不就没事了！"

大爷还说，由于不同的家庭环境和不同成长过程的影响，每个人的生活习惯不同，因此，不要勉强别人来认同自己的习惯，同时，也要体谅宽容别人的习惯。

小两口茅塞顿开。

当和别人的观点有冲突时，若是立刻反问，就等于完全不接纳对方；若与对方进一步讨论，其实还是在挑战对方，对方的感受会好很多。

如果沟通时不得不对对方的立场质疑，在提出问题之前一定要解释一下，你为什么提出这样的问题。如此可使你提出问题的尖锐性（对立性）降到最低。有时对方先提出尖锐的问题，那么你就要加以理解并化解。

不要随便打断别人说话

在交谈中，有的人总是时不时打断别人的谈话，经常插话，他们甚至认为这种插话是一种聪明的表现。其实，这种观点是错误的。

在沟通中，只有让对方把话说完，才能了解对方的真正意图，获得更多的信息。随便插话，就不能专心领会别人说话的意思，还会使对方感到不受尊重。

例如，在教育谈话中，老师往往难以忍受交谈过程中的静默，一旦学生的表述出现停顿时，老师可能会马上加以催促："你说，快说啊！"这会使学生感到自己在被审问，并且产生抵触情绪。事实上，老师并没有意识到，学生的沉默可能正是在寻找适当的措辞来描述自己的感受，表达自己的想法。这时候，老师的催促或者插话都会使学生产生"老师并不重视我的感受，也不重视我本人"的想法，从而失去了解学生的机会。

在别人说话的时候随便打断，也是没有礼貌的表现。日常生活中，有的人热衷于交谈，当别人阐述自己观点时，总喜欢打断并谈论自己的看法。这样的人往往会让人厌烦，也常常在不经意间破坏了自己的人际关系。

有一个老板正与几个客户谈生意，谈得差不多的时候，老板的一位朋友来了。这位朋友说："哇，我刚才在大街上看了一个大热闹……"接着就说开了。老板示意他不要说了，而他却说得津津有味。

客户见谈生意的话题被打断了，就对老板说："你先跟你的朋友谈吧，我改天再来吧。"客户说完就走了。

老板的这位朋友随便打断别人的谈话，搅了老板的一笔生意，让老板很是恼火。

培根曾说："打断别人、乱插话的人，甚至比发言冗长者更令人生厌。"打断别人说话是一种无礼的行为。每个人都会有情不自禁地想表达自己愿望的时候，但如果不去了解别人的感受，不分场合与时机，就去打断别人说话或抢接别人的话头，这样会扰乱他们的思路，使他们不能完整流畅地表达自己的想法或感情，因而只会引起他人的反感，有时甚至会产生不必要的误会。

在交谈中，不应随便打断别人的谈话，要尽量让对方把话说完再发表自己的看法。如有急事要打断他人说话，也要把握机会，应征得对方同意，用商量的口气说："对不起，我提个问题可以吗？"或"我插句话好吗？"这样可避免对方产生误解。所插之言也不可冗长，一两句点到即可。假如已经打断，应确保原先的通话不被忽略。

在什么场合说什么话

俗话说"到什么山上唱什么歌""什么时候说什么话"，就是告诉人们，说话一定要适应特定的场合。场合多种多样，从公共场合的性质方面看，公共场合有正式与非正式之分。一般来说，正式场合社会制约性较强，人员众多，庄重典雅，说话时要注意做到准确规范，同时应避免谈论涉及隐私或一些敏感的话题；而非正式场合比较宽松、随便，说话不必一本正经，应以自然、通俗、幽默为宜。

有位县太爷得子，摆满月酒的时候，下属官员都去祝贺，一个人恭维说："这孩子长得多好呀，你看，有富贵之相，以后必当大官。"

另一个也不甘落后说："你看，这孩子的手多大，是个掌钱的相，以后呀，必定发大财。"大家都很高兴，争先恐后说着恭维话。结果有个人来晚了，一时想不出什么话来说，就说了一句："这孩子以后一定会死的。"这句话让在场的所有人瞠目结舌，县太爷非常生气。尽管这个人说的是大实话，但是因为不符合场合，没有注意到环境，最终令大家不欢而散。

第一章 讲究分寸，在什么场合说什么话

　　有些话孤立地看是对的，但在特定的场合就行不通，让人接受不了。所以，说话要注意场合，才能取得最佳效果。

　　同一称呼，在有的场合使用是得体的，而搬到别处就可能别扭。如当面叫"爷爷"很自然、亲切，若叫"祖父"就显得生硬了；反之，在另一些庄重场合（如法律文书中），则以后者为宜。如果人兼有几种身份时，应因时因地而定。自己的哥哥又是自己的任课老师，在课堂就一定要称其为"老师"，回到家里就大可不必了。

　　在戏曲界，有些老艺人，舞台经验丰富，能根据现场情况临时改动一些词，有些是故意讨巧，有些则是避免犯忌讳。号称"伶界大王"的谭鑫培有过一个生动的例子。

　　清朝末年，著名京剧演员谭鑫培值"内廷专差"，经常到宫里演戏。

　　一次，慈禧太后过生日，谭鑫培在宫内演《捉放曹》中的陈宫，其中有与曹操的对白，念至"那老丈一片好心，杀猪宰羊，款待你我，不要多疑"时，忽将"杀猪宰羊"句改为"杀猪宰牛"。当时，观众都以为谭鑫培将词念错了，慈禧太后、李莲英及王公大臣中很多人是懂戏之人，经常听这段戏，也认为是唱错了，因此戏散后就没给谭鑫培任何赏赐。谭鑫培也不多做解释，卸妆后匆匆回家。

　　在家中，有好友问他这件事，他解释说："一只羊就够杀头的啦，何况今年是羊年。我本来不愿意唱这出戏，偏偏给安排上了。今儿要照原词念，先犯了一个大不敬的罪，如果有人挑眼，在李莲英面前说明，那还有脑袋吗？"原来慈禧太后与李莲英等都是属羊的，这一年恰是他们的本命年。

　　后来，有人为了讨好李莲英，就将谭鑫培的解释传达给了李莲英，李又回禀了慈禧太后，老佛爷不仅原谅了谭鑫培，还给他不少的赏赐。

作为一个艺人，在内廷当差本来就战战兢兢，一不留神就招致大祸，谭鑫培作为一个老艺人，堪称聪明机警过人。

在不同的场合进行沟通，产生的效果是不一样的。舒适愉悦的沟通环境将有助于使沟通达到事半功倍的效果。

例如，在教育孩子的问题上，要特别注意，千万不要在众人面前批评孩子。因为孩子的心灵是非常敏感的，当你批评孩子是什么样子的时候，他就有可能真的会成为这种样子的。当家长说"你怎么这么笨"的时候，本来聪明的孩子也会真的变笨了。不分场合的批评，不仅让孩子很不能接受，亲子关系也因此恶化。因此，最好在只有你和孩子在一起的时候，通过温和的引导方式，让孩子意识到自己的错误和不足。

再例如，在职场中，领导不要在公共场合批评下属。因为人有个面子问题，在单独的场合指出缺点，体现了对下属的爱护，他会比较容易接受。批评其错误行为，应就事论事，不要对其本人评头论足，伤害其自尊。批评是为了帮助下属成长进步，要帮助他们分析原因，消除顾虑，树立信心，明白今后努力的方向，鼓励他们把工作做得更好。如果不注意这一点，就会引起下属的反感。

第一章 讲究分寸，在什么场合说什么话

不要轻易得罪人

在生活和工作中，不要轻易得罪别人，因为得罪人是件很危险的事情——得罪人是在给自己树敌。因为对立面太大无异于自毁前程，而且特别不能得罪小人。

日常生活中，谁都不愿意和小人打交道，可是不管你愿意或不愿意，又总不可避免地要与小人打交道。周围的小人眼睛牢牢地盯着所有大大小小的利益，随时准备多捞一份，并会不惜一切代价用各种手段算计别人，令人防不胜防。与这样的人打交道时，务必多留几个心眼。但即使你比他强大，最好也不要与其发生正面冲突。

如果一不小心得罪了那些小人，他们可能会处心积虑地对付你，破坏你的事，分散你的精力，用各种手段把你打倒，你的理想、事业和一切努力会因此付诸东流。所以，不要轻易得罪那些人。说不定有一天，你心目中的"小人"会在关键时刻成为影响你前程和命运的"大人"。在与人交往过程中总要面对小人的"张牙舞爪"，面对小人的阿谀奉承，这时，最好的办法是满脸笑容，尊重他，糊涂了事。

在与人相处中，怎样才能不得罪人呢？以下建议可供参考：

1. 不要直接纠正别人的错误

对于他人明显的谬误，你最好不要直接纠正，否则会好像故意显得你高明，因而伤了别人的自尊心。在生活中一定要记住，凡是非原则之争，要多给对方以取胜的机会，这样不仅可以避免树敌，而且可使对方的某种"报复"得到满足，可以"以爱消恨"。对于原则性的错误，你也尽量含蓄地进行示意。

2. 忍让为先

对暂时斗不过的小人要忍耐。与其和狗争道被咬伤，还不如让狗先走。因为即使你将狗杀死，也不能治好被咬的伤。所以，如果与你打交道的是小人，就应当忍让为上，千万不要冲动。

3. 不要去指责别人

指责是对自尊心的一种伤害，它只能促使对方维护自己的荣誉，为自己辩解，即使当时不能，他也会记下这一箭之仇，日后寻机报复。

4. 及时道歉

因为自己的失误给别人带来损失时，一定要及时道歉。这样可以化敌为友，彻底消除对方的敌意，会因此相处得更好。

5. 不要欠小人的人情

小人是最斤斤计较的，谁也没他们的算盘打得精。如果在你忙得不可开交的时候，小人主动提出帮你接洽一个客户，你不要随便接受这种"援助"之手。要知道，一旦生意谈成了，小人就会以你的救兵和恩人自居，以后他碰到什么棘手的事找你当替罪羊，你若不答应，就会被他说成是忘恩负义。

6. 与人争吵时不要非占上风

实际上，争吵中没有胜利者。即使口头胜利，与此同时，你又树立了一个对你心怀怨恨的人。争吵总有原因，总为一定的目的。如果你想使问题得到解决，就不要采用争吵的方式。适当地做出让步才是明智之举。

做到忠言不要逆耳

古人有"良药苦口利于病，忠言逆耳利于行"之说，可是苦口的良药毕竟让人难以咽下，往往达不到利病的目的。所以人们才研制出糖衣药片、胶囊药片，使"苦口"变"甜口"，让病者满意咽下，自然会达到治病的目的。在人与人的交往中，人们更喜欢听赞扬和鼓励的话，而严厉地指责甚至谩骂会起到相反的作用，对方即使明知正确，但还是会抵制或是拖延接受。

法国作家拉封丹曾写过一则寓言，讲的是北风和南风比威力，看谁能把行人身上的大衣脱掉。北风首先来一个冷风凛凛，寒冷刺骨，结果行人为了抵御北风的侵袭，便把大衣裹得紧紧的。南风则徐徐吹动，轻柔温暖，顿时风和日丽，行人因之觉得春暖上身，于是解开纽扣，继而脱掉大衣，南风获得了胜利。同样是吹风，南风之所以能达到目的，就是因为它顺应了人的内在需要，使人的行为变为自觉。

同样，批评听起来感觉"逆耳"，也是因为批评与被批评者的情绪状态相抵触。一般说来，人们是乐于接受正确批评的，所不愿接受的，往往是批评的方式方法。所以，批评者若能考虑到被批评者的情绪状态，采取对方容易接受的批评方式，使被批评者在"良好的心境"下认知，那么，批评就能收到预期效果。

一个人如果买了件新衣服，从颜色到款式都有不少缺憾，倘若实事求是直截了当地告诉他，一定弄得他心里很不愉快。换作自己大概也是如此。如果工作中也用这种方法与人交流，强迫对方接受自己的意见与看法，或者用激烈而直接的言辞批评对方，必定会引起情绪上的波动甚至口角，这种遭受对方极大反感的用语习惯得不偿失。

要想做到忠言不逆耳，需要掌握以下技巧：

1. 将批评夹杂在肯定和赞扬之中

先肯定和赞扬对方的优点和取得的成绩，待对方防卫心理松弛下来再进行批评，最后还要友善地予以鼓励，这样的批评方式易于被人接受而不致引起反感。

2. 要远远道来，放松对方心理

坚持自己的人，往往有强烈的防卫心理，在说服他时，他首先就持抵触态度，根本不愿耐心听下去。所以既要用心说你的话，还要懂得从远处说，对说服的对象只字不提，从对方感兴趣的内容展开话题，让对方形成放松、愉悦的心理，倾听你的话语，对方就会在不知不觉中被你的话语所感染。

3. 让对方有切身体会

一个牧场主养了许多羊，他的邻居是个猎户，院子里养了一群凶猛的猎狗。这些猎狗经常跳过栅栏，袭击牧场里的小羊羔，牧场主曾多次请猎户把狗关好，但猎户却不以为然。

后来，牧场主想了个办法，他在自己羊群里挑选了三只可爱的小羊羔分别送给猎户的三个儿子，看到洁白温驯的小羊羔，孩子们如获至宝，每天放学后都要在院子里和小羊羔玩耍嬉戏，因为怕猎狗伤害儿子们的小羊，猎户做了个大铁笼，把狗锁了起来。从此，牧场主的羊群再也没有受到骚扰。

4. 轻轻地点出别人的错误，不把问题戳破

现实生活中，有的人明明知道自己错了，可当他面对别人的批评时，就是不肯接受。对于这种爱面子，自尊心过强的人，大可不必非要让批评"立竿见影"。你只要估计他自己心里已经明白或有所触动，就不妨给他一点面子，不把问题戳穿，给他一些自我反省的时间，让他有一个机会下台阶。

不要时不时地炫耀自己

现代社会提倡要勇于展示自己的才华，但展示不同于炫耀。在他人面前炫耀自己，是缺乏涵养的表现，更重要的是，会让别人产生敬而远之的想法，破坏与他人的和谐沟通。

例如，在与朋友沟通时，也许你与朋友交往甚密，无话不谈，也许你的才学、家庭、相貌、前途等令人羡慕，高出朋友一头，这些有利的条件可能会使你不分场合、无所顾忌、锋芒毕露、毫无节制地表现自己，言谈中往往会流露出一种优越感，这会令人感到你是在居高临下地对人讲话，有意炫耀抬高自己，使别人的自尊心受到伤害。所以，在与朋友交往时，不要在他们面前炫耀自己，并注意时时想到对方的感受，照顾对方的心理承受力。

同样，在职场上，自己的专业技术过硬，得到老板的赏识，但这些不能成为在同事面前炫耀的资本；又谈成了一笔业务，老板给了"红包"，你可以心花怒放，也可以喜形于色，但你"得意"不要"忘形"——用不着在办公室里自我炫耀，自我吹嘘，众人在恭喜你的时候，说不定也在嫉恨你；再说，"山外有山，人外有人""强中更有强中手"，一个好的企业一定是藏龙卧虎之地，有的人深藏不露却身怀绝技，有的人其貌不扬却身手不凡，一味盲目地炫耀，往往马上会成为别人的笑料。

别把自己太当回事，坦诚而平淡地生活，没有人把你看成是卑微、怯懦和无能。如果你把自己当作珍珠，还时不时地拿出来炫耀，生怕别人不知道，结果只能害了自己。

两只大雁与一只青蛙结成了朋友。秋天来了，大雁要飞回南方，它们对青蛙说："要是你也能飞上天就好了。"

青蛙灵机一动，让两只大雁衔住一根树枝，然后自己用嘴衔在树枝中间，随着大雁朋友一起飞上了天。

地上的青蛙们都羡慕地拍手叫绝，问："是谁这么聪明？"

那只青蛙生怕错过了表现的机会，于是大声说："是我……"话还没说完，便从空中掉了下来。

越是把自己看得了不起、孤傲自大的人，别人越会瞧不起，所以，平时不要炫耀自己，要谦逊地对待别人，这样才能博得大家的支持，为你的事业奠定基础。当你以谦逊的态度来表达自己的观点或做事时，就能减少一些冲突，还容易被他人接受。即使你发现自己有错时，也很少会出现难堪的局面。尤其在双方地域不同、文化背景各异的情况下，偶然一句"我不太明白""我没有理解你的意思""请再说一遍"之类谦恭的言语，会使对方觉得你富有涵养和人情味，真诚可亲，从而提高事业成功的可能性。

批评别人时要对事不对人

批评别人时，要对事不对人。"事"指具体的行为、事件，"人"指事件所涉及的人以及人的人格、个性等因素。谁都会做错事，做错了事，并不代表这个人如何如何。批评时，一定要针对事情本身，不要针对人。因为错的只是行为本身，而不是某个人。

例如，有的教师在批评学生时，常常不能理智地分析问题，不能对学生"就事论事"，而习惯于"就人论事"，如"你怎么这么笨，连这么简单的题都不会做！""这个学生品质恶劣，竟然敢顶撞老师！"等。其实，脑子笨与不会做简单题没有联系，顶撞老师也不见得品质就一定恶劣，这是两码事，二者之间没有必然联系，不能硬扯到一起。所以，教师批评学生时，要注意把学生的行为表现与他的个性品质分开来看。教师感兴趣的应是学生做具体事情中的行为表现，要把批评指向学生在活动中的具体行为表现和做的具体事情，而不要指向他本人。也就是说，批评不要涉及学生其他与目前过失没有联系的方面，批评的主要目的是让学生认识自己所犯的错误，帮助他们纠正错误以免再错。纠正错误是将批评直接指向错误的行为表现上，一件事情做错了就批评这件事情做错了，不要涉及其他。如学生字写错了就指出这个字写错了，不要说什么学习态度不认真、不踏实之类的话；也不要因为学生某一方面表现不好就说他什么都不好，这也不行，那也不行等。

总而言之，批评学生时要客观地分析问题，实事求是，就事论事，要让学生明白他是因什么事情做错了而受到批评的，避免"就人论事"的现象出现。

同样的道理也适用于其他方面。

对事不对人，尽量描述事实而不是妄加评价。当别人做出某种错误或不恰当的事情时，应避免用评价性语言，如"没能力""失信"等，而应当客观陈述发生的事实及自己对该事实的感受。尤其是批评人时，应对错误的事实本身进行分析和探讨，不要定性或下结论。

在分析事情或批评别人时，要注意以下原则：

1. 善于讲求普遍性，不要涉及具体人

问题是通过具体的人和事表现出来的，所以在沟通的过程中，很难做到不涉及具体的人，但是沟通的目的在于解决问题而不是针对某个人。例如，在实际工作中，问题有可能广泛存在于诸多岗位及工作环节中，虽然表现在一个点上，但是具有普遍性，是系统性的问题，需要在公开的、较大范围内，对某一特定问题进行广泛沟通，目的是阐述此问题的普遍性，在整体上使问题得到解决。

2. 只用事实，不用感觉

争论时的论据必须是事实（事实不是真相，事实只是实际存在的东西），不能以感觉为论据原因，因为争论需陈列论据原因及观点，前后两者必须有因果关系，具体事实才具有产生因果的能力，而感觉（即说我觉得怎样）是抽象的，因此缺乏产生因果的能力，不能是一个有效的推论。

3. 沟通要针对具体问题，不要针对人的个性特征

比如，小张上班总是迟到，如果沟通时说"为什么总是迟到，怎么这么懒啊"，这样说就会引起当事人极大的反感，不是成功的沟通方式。但是如果换一种方式，如上周二、周三迟到，这次又迟到，有什么问题吗？这样既具体指出问题所在又不涉及个人的个性因素，比较容易让人接受，同时也减少了对方辩解的理由和空间，有利于问题的解决。要对问题进行具体分析，进行深入细致的沟通，不要因为对个性的争执导致矛盾升级。真诚道歉，可以获得别人的谅解。

"金无足赤，人无完人。"沟通中出现一时的失误，也是在

所难免的。只要态度诚恳、大胆地去承认错误，真诚地向别人道歉，就能得到原谅。

不要总害怕承认自己的不对，以为这样别人就会看不起自己。在人际交往中，其实，真正有能力的人是勇于承认自己的不足之处的。说对不起，不代表真的犯了什么天大的错误或做了伤天害理的事，而是一种软化剂，使事情有"转圜"的余地；同时，也能化解人与人之间的误会，让人豁然开朗。

当一件事情做得不恰当或不合理时，需要勇于承认错误。诚恳地道歉是解决矛盾的良药，也是一个人胸怀宽广的表现。有些人明知是自己的错误，但出于面子或是想维护自己的地位而遮遮掩掩，甚至还要找出无数理由为自己辩解，这样做只能是欲盖弥彰，起到相反的作用。

例如，在教学过程中，教师难免会犯一些这样或那样的知识性错误，尤其是现在网络这么发达，有不少科学知识学生知道，老师未必知道。有些教师出现失误时，不敢大胆地承认错误，而是采取隐瞒的方式淡化处理，甚至强词夺理，他们以为这样做就维护了教师的形象。

其实，效果适得其反。事实证明，教师敢于在学生面前认错，更能赢得学生的尊重和信赖，也能影响和激发学生勇敢承认和改正自身的错误。因此，当教师出现失误时，要勇敢承认错误并积极改正，这也是作为一名教师应该必备的素质。同样，学生犯了错误也要勇于承认，及时改正。有的学生明知道自己错了，受到批评，即使心里已经知道自己不对，嘴上却死不认错，与老师闹得很僵。有的人则相反，受过一次批评后，就特别怕那个老师，担心他对自己有成见。这都是没有必要的。错了就错了，主动向老师承认，及时改正，依然是个好学生。

乔治·华盛顿是美国第一任总统。他小时候是个聪明、淘气的孩子。

一天，父亲送给他一把小斧头。那小斧头崭新的，小巧锋利。小乔治想：父亲的大斧头能砍倒大树，我的小斧头能不能砍倒小树呢？我要试一试。他看到花园边上有一棵樱桃树，就高兴地跑过去，举起小斧头向樱桃树砍去，一下，两下……樱桃树倒在地上了。

一会儿，父亲回来了，看到心爱的樱桃树倒在地上很生气。他问小乔治："是你砍倒了我的樱桃树吗？"

小乔治这才明白自己闯了祸，心想：今天准得挨爸爸揍啦！可他从来不爱说谎，就对父亲说："爸爸！是我砍倒了你的樱桃树。我想试一下小斧头快不快。"

父亲听了小乔治的话，不仅没有打他，还一下把他抱起来，高兴地说："我的好儿子，爸爸宁愿损失一千棵樱桃树，也不愿你说一句谎话。爸爸原谅敢于承认错误的孩子。不过，以后再也不能随便砍树了。"

小乔治望着父亲，懂事地点了点头。

在家庭教育中，有的家长由于各种原因而误解孩子的时候，偶尔说了错话，也要立刻道歉，勇于承认错误，不要编一大堆借口，以免越描越黑。

人的一生不可能永不犯错，有时候错误只是自己的一时疏忽，并不构成太大的得失；但如果不认错，后果将不可设想。所以，一个人的际遇安危、成败得失，往往和自己能否敢于认错有着十分密切的关系。谁都难以避免犯错，但要懂得认错。不懂得认错，一方面不能获得他人的谅解，另一方面也无法进一步加以修正错误，获得进步。

待人热情要掌握好分寸

"热情有度"，是涉外礼仪的基本原则之一。它的含义是要人们在参与国际交往，在同外国人打交道时，不仅待人要热情友好，更为重要的是，要把握好待人热情友好的分寸，否则就会事与愿违，过犹不及。

有一则关于热情的故事：

一天中午，刘先生陪一位外宾来到某酒店中餐厅，找了个比较僻静的座位。

刚入座，一位女服务员便热情地为他们服务。她先铺好餐巾，摆上碗碟、酒杯，然后给他们斟满茶水，递上热毛巾。当一大盆"西湖牛肉羹"端上来后，女服务员先为他们报了汤名，接着为他们盛汤，盛了一碗又一碗。一开始，外宾以为这是吃中餐的规矩，但当李先生告诉他用餐随客人自愿后，在女服务员要为他盛第三碗汤时谢绝了。

吃了一会儿，外宾把刀叉放下，从衣服口袋里拿出一盒香烟，抽出一支拿在手上，这位女服务员忙跑到服务台拿了个打火机，走到外宾跟前说："先生，请您抽烟。"说着，熟练地打着火，送到外宾面前，为他点烟。然后又用公筷给李先生和外宾夹菜。

见服务员实在太热情，外宾都有点透不过气来了，于是匆匆吃了几口，便结账离开了这家酒店。

这就是热情过度的典型案例。外国人所注重的"关心有度"中的"度"，实际上是个人自由。一旦当对方的关心有碍个人自由，即被视为"过度"之举。所以，尽管服务员热情地为客人提供服务，但客人不仅不领情，反而流露出厌烦或不满的情绪。

太热情了也不好，因为凡事都应有个度。人是有差别的，有的人喜欢跟热情的人交流，有的人不喜欢跟太热情的人打交道，这与人的性格有关。

初入社交圈的人常犯的一个错误就是"好事做到底"，以为自己全心全意为对方做事会使关系融洽、密切。然而，事实上并非如此。因为人不能一味地接受别人的付出，否则心里会感到不平衡。"滴水之恩，涌泉相报"，这也是为了使关系平衡的一种做法。如果好事一次做尽，使人感到无法回报或没有机会回报的时候，愧疚感就会让受惠的一方选择疏远。好事不应一次做尽，这是平衡人际关系的一个重要准则。

冬天来了，天气变得越来越冷。森林中有十几只刺猬冻得直发抖。为了取暖，它们只好紧紧地靠在一起，却因为忍受不了彼此的长刺，很快就各自跑开了。

可是天气实在太冷了，它们又想要靠在一起取暖，然而靠在一起时的刺痛使它们又不得不再度分开。就这样反反复复分了又聚，聚了又分，不断在受冻与受刺两种痛苦之间挣扎。

最后刺猬们终于找出了一个适中的距离，既可以相互取暖又不至于被彼此刺伤。

如果你想帮助别人，而且想和别人维持长久的关系，那么不妨适当地给别人一个机会，让别人有所回报，这样才不至于因为内心的压力过大而疏远了你们的关系；而"过度投资"，不给对方喘息的机会，就会让对方的心灵窒息。

委婉地指出他人的错误

委婉是说话的一种策略，即在讲话时不直述其本意，而是用曲折的方法加以暗示，让他人通过自己的思考得出结果，从中揣摩出深刻的道理。

如果有几个下属在挂着"禁止吸烟"的牌子下吸烟，上司可以有两种办法进行处理。一种是上司指着牌子对下属说："难道你们不识字吗？"加以斥责和阻止。另一种是上司递给抽烟者每人一支烟说："如果你们到不禁止吸烟的地方去抽，我会感谢你们的。"下属当然知道自己破坏了规定。上司的这种行为，提高了自己的威望，也获得了下属的敬重。

交谈中，如果发现对方有较为明显的错误，间接委婉地指出对方的错误，要比直接说出来的温和，且不会引起对方的强烈反感。有的人在赞扬对方之后，接着就是一连串的批评，这样做要使赞美的真实性大打折扣。比如，有的父母想改变孩子漠不关心的学习态度，可能会这样说："你这次成绩进步了，我们很高兴，但是你的数学还是比较差，如果你的数学成绩好一些就更好了。"在这个例子里，如果这样说就更好一些："你这次成绩进步了，我们很高兴。而且，如果你在数学方面继续努力下去的话，下一次一定会跟其他科目一样好。"

贾可布太太请了几位建筑工人加盖房间。刚开始几天，每次她回家的时候，总发现院子里乱七八糟，到处是木头屑。由于他们的技术较好，贾可布太太不想换人，便想了一个解决的办法。她等工人们离去之后，便和孩子把木屑清理干净，堆到园子的角落里。

第二天早上，她把领工叫到一旁，对他说："我很满意昨天你们把前院清理得那么干净，没有惹得邻居们说坏话。"

从此以后，工人们每天完工之后，都把木屑堆到园子角落，领工也每天检查院子有没有维持整洁。

生活中，每一个人都有犯错的时候，批评就成为我们常用的一种手段，有的人批评起别人来让人无地自容，下不了台阶。其实，这种批评方式不但无法达到让对方改正错误的目的，还有碍于人际关系的正常发展。在生活和工作中，我们会经常遇到要批评别人的时候，但要学会巧妙地批评，让他人既意识到自己的错误并尽快改正，同时也理解我们善意批评的意图，使他心存感激。

罗西尼是 19 世纪著名的意大利作曲家。一天，一个作曲家拿着一份拼凑的手稿来请教他。演奏过程中，罗西尼不停地脱帽。那位作曲家很奇怪，就问他是不是房间很热。

罗西尼回答说："不，我有见到熟人就脱帽的习惯，在阁下的曲子里，我碰到了那么多的熟人，不得不连连脱帽。"

罗西尼巧妙地用"那么多熟人"来暗示曲子缺乏新意，抄袭太多，含蓄地向对方表明了自己的看法和意见，既不伤情面又达到了目的。

学会谦让，有理也要让人三分

　　要学会谦让，谦让是一种修养；要学会谦让，谦让是一种品质；要学会谦让，谦让是一种魅力。我们学会谦让，胸襟会变得更加宽广。我们要学会谦让，谦让不是一叶扁舟，随波逐流；谦让不是一叶浮萍，飘摇不定；谦让不是一束昙花，转瞬即逝。谦让是永恒的，正是因为这样，时间才充满着和谐。

有理也要让人三分

讲理是天经地义的事情，只有以理服人才能让人接受。人人都有自尊心和好胜心，在不是原则问题上，应让人三分。其实，有时候给他人台阶下，也是为自己攒了人情，留下一条后路，这样能达到双赢的效果。

汉朝时有一位叫刘宽的人，为人宽厚仁慈。他在南阳当太守时，小吏、老百姓做了错事，为了以示惩戒，他只是让差役用蒲草鞭责，使之不再重犯，此举深得民心。

刘宽的夫人为了试探他是否像人们所说的那样仁厚，便让婢女在他和属下集体办公的时候捧出肉汤，故作不小心把肉汤洒在他的官服上。要是一般的人，必定会把婢女毒打一顿，至少也要怒斥一番。但是刘宽不仅没发脾气，反而问婢女："肉羹有没有烫着你的手？"

由此足见，刘宽为人宽容之肚量确实超出一般人。

现实生活中，不少冲突都是由于一方或双方纠缠不清而得理不让人，一定要小事大闹，争个胜负，结果矛盾越闹越大，事情越搞越僵。这时，不妨糊涂一下，得理也要让三分，用宽容之心待人。得理让人，才是一种成功的处世方式。

在餐馆曾经发生过这样一个故事。

"服务员！你过来！你过来！"一位顾客高声喊，指着面前的杯子，满脸寒霜地说："看看！你们的牛奶是坏的，把我一杯红茶都糟蹋了！"

"真对不起！"服务员一边赔着不是，一边微笑着说，"我立即给您换一下。"

新红茶很快就准备好了，碟子和杯子跟前一杯一样，放着新鲜的柠檬和牛奶。服务员轻轻放在顾客面前，又轻声地说："我是不是能建议您，如果放柠檬就不要放牛奶，因为有时候柠檬酸会造成牛奶结块。"

那位顾客的脸一下子红了，匆匆喝完茶走了。

有人笑问服务员："明明是他不对，你为什么不直说他呢？他那么粗鲁地叫你，你为什么不还以颜色？"

"正是因为他粗鲁，所以要用婉转的方式对待；正因为道理一说就明白，所以用不着大声。"服务员说。

世上的一切事物都是相对的，得理也是如此。有的人，遇事若占了上风，就会盛气凌人，咄咄相逼，非要别人低头求饶方熄心头之火，好像不如此就有损自己的颜面和尊严。凡事都有一个度，若固执而不知变通，好走极端，超过了度的界限就必然走向谬误。

有两个小和尚为了一件小事吵得不可开交，谁也不肯退让。

第一个小和尚怒气冲冲地去找师父评理，师父在静心听完他的话之后，郑重其事地对他说："你是对的！"于是第一个小和尚得意扬扬地跑回去宣扬。

第二个小和尚不服气，也跑来找师父评理，师父在听完他的叙述之后，也郑重其事地对他说："你是对的！"

待第二个小和尚满心欢喜地离开后，一直跟在师父身旁的第三个小和尚终于忍不住了，他不解地向师父问道："师父，您平时不是教我们要诚实，不可说违背良心的谎话吗？可是您刚才却对两位师兄都说他们是对的，这岂不是违背了您平日的教导吗？"

师父听完之后，不但一点也不生气，反而微笑着对他说："你

第二章　学会谦让，有理也要让人三分

是对的！"

第三位小和尚此时才恍然大悟，立刻感谢师父的教诲。

在生活中，我们不可避免会遇到纷争，这时双方若能平心静气讲明道理，相互谦让，宽容大度，则有利于化解矛盾，消除隔阂，从而建立和谐的人际关系。

让步也要有原则

人生需要坚持，但过分坚持有时会让我们走进死胡同。在人际沟通中，如果能使对方觉得你有"让步"的商讨余地，不但能增强对方沟通的意愿，往往也容易激起对方"让步"的动机和善意。

有一位不知名的画家，他每次将自己的作品送到出版社，美术编辑都要对他的作品"刀砍斧削"一番。他很不满意这些修改，但是也没有办法。

一天，画家终于想出了一个办法，在送交作品时，有意在一幅画的角上随意画上一只狗。编辑见了，要求删掉，可画家不肯，两人争吵起来。当争论到白热化的程度时，画家便做出让步，同意把那只狗删掉。

因为画家的让步，编辑的自尊心得到了维护，就不好意思再对画家的作品提出修改的要求，因而保留了作品的原貌。以后，画家每次都用这种"让步"的方法，使自己的作品免受"刀砍斧削"之苦。

这位充满智慧的画家就是著名艺术家和写生画家费拉基米

尔·安德烈耶维奇·法沃尔斯基。他是一位懂得如何给别人让步的人。

让步是一种智慧，一种胸怀，一种宽容，一种高尚，一种修养。

清朝名臣左宗棠喜欢下棋，而且棋艺高超，少有敌手。有一次他微服出巡，在街上看到一位老者摆棋阵，并且在招牌上写着："天下第一棋手。"左宗棠觉得老人太过狂妄，立刻前去挑战，没有想到老人连出破绽，被左宗棠击败，并且左宗棠连胜三盘。

左宗棠看到天下第一棋手都被自己打败了，心里非常高兴，志在必得、舍我其谁的自信心更加坚定。接着便出征去新疆平乱了。

可是，当他凯旋后又和老人下棋，竟然三战三败。第二天再去，仍然惨遭败北。这让左宗棠很迷惑，便向老人询问原因。

老人笑着回答："你虽然微服出巡，但我一眼就看出你是左公。上次我知道你即将出征，所以让你赢棋，从而增强你必胜的信念，好为国家平乱立功。如今你已凯旋，我就不客气了。"

在工作和生活中，我们常常需要做出让步，但让步并不表示就是失败者。相反，在让步的同时，我们会赢得他人的感激与理解，更能和别人建立良好的关系。

当然，让步并非没有原则的妥协，东郭先生对狼的让步就是不可取的。

比如在商务谈判时，我们要事先做好让步的计划，将具有实际价值和没有实际价值的条件区别开来，在不同的阶段和条件下使用。同时，了解对手的真实状况，在对方急需的条件上坚守阵地。

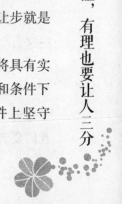

在谈判时，不能做无谓的让步，每次让步都需要对方用一定的条件交换。要让对方意识到你的每一次让步都是艰难的，使对方充满期待，每次让步的幅度不能过大。尽量迫使对方在关键问题上先行让步，而自己则在对方的强烈要求下，在次要方面或者较小的问题上让步。

在任何时候，我们都要谨记，让步在合理的范围之内是宽容，超过了界限就是迁就。

主动结交朋友

做人要多交朋友，广结善缘，这样一旦有什么事，你就可以随时随地找朋友帮忙。要想让一个人尽快与自己从陌生走向熟悉进而成为朋友，首先要丢弃你的"冷落"态度，率先发出你对他人的友好信号，因为处于主动地位的人总是比处于被动地位的人容易得到朋友。

一个职员在工作上犯了错误，领导指责他时，他反驳说："没有人告诉我不能这么做啊！"

上司听了，很生气地说："什么叫'没有人告诉你'？你主动问过其他同事或来问过我吗？如果你懂得主动请教别人，你会犯这么严重的错误吗？"

职员自知无理，只得推脱说："主动不是我的风格，我不好意思找你问。"

每个人都有自己的风格，但那些风格并不完全就是正确的。我们要善于与别人合作，善于主动认识别人、主动请教别人、主动关怀别人，排除"害羞""不好意思"等障碍，只有这样，才可能获得良好的人际关系。而良好的人际关系是我们人生成功的关键所在。

我们要主动与人打招呼。有些人不是清高，而是没有主动与人打招呼的习惯，结果很多重要的关系就自动放弃了。主动与人打招呼，会让人改变对你的看法和印象，觉得你是一个随和、开朗、心胸宽广的人。这有利于你良好人际关系的形成。

我们要做一个积极参与的人，而不仅仅只是一个旁观者。生活中，能够对你有所帮助的人，不会毫无机缘地出现，而是需要你用心去寻找，需要你积极主动地投入和参与。与此同时，需要你克服自己的"怯场"心理——怯场心理同样会让你"出手"被动。此时要想到，你在别人面前是陌生的，别人在你面前同样也是陌生的，其心理和你是一样的——渴望得到友谊而又感到有些拘束。在这种情况下，如果你首先积极主动地伸出友谊之手，你就在使对方成为你的朋友上成功了一半。

有两个朋友在沙漠中旅行，在旅途中他们吵架了，一个还给了另外一个一记耳光。被打的人觉得委屈，一言不发，在沙子上写下："今天我的好朋友打了我一巴掌。"

他们继续往前走。走出沙漠后，一次，被打巴掌的那个人差点被淹死，幸好被这个朋友救起。被救起后，他拿了一把小刀在石头上刻下："今天我的好朋友救了我一命。"

朋友好奇地问："为什么我打了你以后，你要写在沙子上，而现在要刻在石头上呢？"

他回答说："当被一个朋友伤害时，要写在易忘的地方，风可以将它吹走；相反，如果被朋友帮助，我要把它刻在内心的深处，在那里任何风都不能吹走它。"

第二章　学会谦让，有理也要让人三分

如果你仅仅是个接受者，你就很难结交到新朋友。认识新朋友是搭建关系网络的第一步，是你职业生涯和个人生活的重要一环。在火车上、在健身俱乐部里，朋友的朋友、客户的朋友、孩子们的朋友，甚至报刊上报道的人，都可以想办法交朋友。对每个人都要率先伸手，争取主动，由浅入深，逐渐培养友谊。

多交朋友，主动交朋友，自然就要参加一些社交活动，如与同事一起吃饭、泡吧和唱歌，周末打打牌等。通过这些娱乐活动，加深彼此的了解，增进友情，这样不仅有益于身心健康，而且对工作也有帮助。

不要不懂装懂

先哲孔子曾云："知之为知之，不知为不知，是知也。"又云："君子于其所不知，盖阙如也。"讲的就是做事要实事求是，换句话说，就是知道的就说知道，知道几分就说几分，不知道的就说不知道。

世界著名物理学家、获诺贝尔物理学奖的美籍华人丁肇中先生，曾经为南航师生做学术报告，面对同学提问时"三问三不知"——

"您觉得人类在太空能找到暗物质和反物质吗？"

"不知道。"

"您觉得您从事的科学实验有什么经济价值吗？"

"不知道。"

"您能不能谈谈物理学未来20年的发展方向？"

"不知道。"

三问三不知！这让在场的所有同学感到意外，但不久就赢得全场热烈的掌声。也许，一些人在说"不知道"时往往被看作是孤陋寡闻和无知的表现，但丁肇中先生的"不知道"却体现着一种做人的谦逊和科学家治学的严谨态度，不禁令人肃然起敬。

知识有如浩瀚的海洋，即使是一个杰出的学者，穷尽毕生之精力，也只能涉猎万一。要想做到门门精通，无所不知，无所不晓，是根本办不到的。因此，人贵有自知之明。大胆地承认自己的无知，实事求是地看待自己，是有修养讲文明的一种表现。

在一次大型演唱会上，当帕瓦罗蒂演唱到高潮的时候，他却突然停顿了下来。满座的听众们都惊呆了，乐队也跟着停了下来，大家都不知道出了什么事。这个时候，帕瓦罗蒂解释了原因，他坦诚地说自己忘记歌词了，请求大家的原谅，希望大家能再给他一次表演的机会。在一阵沉寂后，全场爆发出热烈的掌声。

事后，有人告诉帕瓦罗蒂："你完全可以做做口型，而不必承认自己忘了词。相信观众肯定会认为是麦克风坏了而丝毫不会怀疑到你身上。"

帕瓦罗蒂微微一笑："如果还有下次，我同样会认错。因为事实早晚会被人知道，那对我的声誉影响会更大。"

艺术家敢于承认自己的不知，是一种坦然与诚实，对于每一个人，这种精神都是不可或缺的。

在生活中，我们总会遇到很多不懂的东西。这时，不要不懂装懂，诚恳地告诉对方"我确实不懂"，承认自己也有不知道的事并不丢人，还会给对方留下"这个人很谦虚"的印象。相反，为了要自抬身价而不懂装懂，一旦被对方看穿，反而会令对方产生不信任感，这样就得不偿失了。

说话要留有余地

有这样一则寓言故事：

一个算盘对主人说："我有 13 个档，每档还有 3 个空缺，上边缺了一个算珠，下边缺两个算珠，共缺 39 个算珠。"

主人说："我给你补齐就是了。"

结果珠子补齐了，可是算盘也不能使用了。

这则寓言告诉我们，在处理问题时，要留下一点回旋的余地，才能够运行自如。在生活中，我们要学会掌握"留有余地"的处理问题技巧。一根铁丝做成弹簧是有弹性的，但是，如果我们不顾及弹簧弹性的最大承受力，过于用力拉拽它，那么，最终的结果只能是弹簧的弹性渐渐削弱，最终会消失。所以，我们做事，一定要考虑自己的能力所及，尽量做到量力而行，量体裁衣，留有余地。

留有余地，不要"擅自定论"。很多人爱面子，有时尽管明知是自己错了，感到后悔了，但为了维护自己的自尊心，也会强词夺理，拒不认错。遇到这种情况，除了需要掌握恰当的方式、方法外，还要注意给对方留下一些余地。当与对方观点分歧较大，情绪比较激动时，千万不要把对方逼进死胡同，要善于运用"等我再了解一下情况后再谈""请你回去再考虑一下""等有机会我们再谈"等这样的言辞，这样不仅给自己留下更多的准备时间，也给对方留有充分的时间去反省自己，同时也能够缓解一下紧张的氛围，使结局有回旋的余地。

很多时候，即使是绝对有把握的事情，也不要把话说得过于绝对。过于绝对的东西往往容易引起他人的"挑刺"，如果对方有意为难，总会找出借口来。所以，交流时，不如把话说得委婉一些。同时，不把话说得绝对，就可以在更为广阔的空间里与对方周旋。

宋朝有个名叫苏掖的常州人，官至州县监察官。他家中十分有钱，但非常吝啬，常常在置办田产或房产时，不肯付足对方应得的钱。有时候，为了少付一分钱，他会与人争得面红耳赤。此外，他还喜欢趁别人困窘危急之时，压低对方急于出售的房产、地产及其他物品的价格，从中牟取暴利。

有一次，他准备买下一户破产人家的房子。见对方急于出售，他竭力压低房价，为此与对方争执不休。他儿子在旁边实在看不下去了，忍不住道："父亲，您还是多给人家一点钱吧！说不定将来哪一天，我们儿孙辈会出于无奈而卖掉这房子，希望那时也有人给个好价钱。"

苏掖听儿子这么一说，又吃惊，又羞愧，有所醒悟了。

说话不留余地，把话说得太绝了，等于把自己的后路堵死了，这样往往不会有好的结果。在沟通中留有余地，就能使自己可进可退，这样也可以给他人留有较大的活动空间。这样的交流富有弹性，符合人的理性，容易取得好的结果。

宽容是一种有效的沟通

一位禅师晚间出来练功，看到墙角下堆垒起的石头，禅师知道这是徒弟违反寺规跳出寺院玩乐去了。正在这时，禅师听到墙外有脚步声，知道是徒弟回来了。于是，他躬下身体，趴在石头上，让翻墙的徒弟踩着他的背下了墙头。徒弟低头一看，自己踏着师父的脊背，羞愧交加，无言以对。

老禅师拍着他的肩膀说："时间不早了，快回去吧。"

面对违反寺规的徒弟，老禅师没有大声训斥，而是用自己的宽容与大度使徒弟"羞愧交加，无言以对"，并永远铭记在心。

这个故事，讲的就是做人要宽容。用宽容去呵护别人的自尊，继而实现人与人之间心灵与心灵的碰撞，可以达成无声但有效的沟通。

宽容就是不计较，事情过去了就算了。每个人都会犯错误，如果不原谅对方的错误，就会形成思想包袱，限制对方的发展，同时也限制了自己的思维。

有句谚语说："世界上最宽阔的是海洋，比海洋更宽阔的是天空，比天空更广阔的是人的胸怀。"宽容是一种博大的胸怀，是一种崇高的美德。每一个人由于成长环境、文化背景、思想层次等各方面的不同，就造成了在与别人交流时，产生摩擦、矛盾，甚至怨恨，如果没有宽容之心，沟通就很难进行下去。在与他人相处时，不要唯我独尊，对不同的观点、行为要予以理解和尊重，即使自己有理，也不能咄咄逼人，把自己的观点和行为强加给别人，要懂得尊重他人的自由选择。

例如，三峡工程大江截流成功，谁对三峡工程的贡献最大？著名的水利工程学家潘家铮这样回答外国记者的提问："那些反对三峡工程的人，对三峡工程的贡献最大。"反对者的存在，可让我们保持清醒理智的头脑，做事更周全；可激发我们接受挑战的勇气，迸发出生命的潜能。对反对者的赞赏，也是一种宽容。

宽容，最重要的因素是爱心。原谅那些曾伤害过我们的人，不是一件容易的事情，但如果我们这样做了，就会从中体验到宽容的快乐。所以，我们应当尽量以愉快的心情处理生活上的各种问题，即使忍无可忍，也应采取理智的行为来抑制情绪，最终使大事化小，小事化了。这才是最好的沟通。

生活在社会这个大群体里，人与人之间免不了发生一些磕磕碰碰，会因一时的疏忽，冒犯了别人。遇到这样的事情，正确的做法应当是冒犯者主动真诚地进行道歉，说声"对不起"；被冒犯者应该宽容大度，说声"没关系"。一切误会在"对不起"和"没关系"中烟消云散，会使彼此恢复和睦友善的关系。如果待人处世少了宽容，就很容易使矛盾激化，使本来的一件小事变成大事，更严重的话，可能会酿成大祸而抱憾终生。

懂得感恩才会与人有更好的沟通

感恩是一种处世哲学，也是生活中的大智慧。一个有智慧的人，不应该斤斤计较，也不应该一味索取，使自己的私欲膨胀。学会感恩，为自己而感恩，感谢生活给你的赠予。这样你才会有一个积极的人生观，一个健康的心态。

感恩是一种处世哲学，是生活中的大智慧。人生在世，不可能一帆风顺，种种失败、无奈都需要我们勇敢地面对、豁达地处理。这时，是一味地埋怨生活，从此变得消沉、萎靡不振，还是对生活满怀感恩，跌倒了再爬起来？英国作家萨克雷说："生活就是一面镜子，你笑，它也笑；你哭，它也哭。"感恩不纯粹是一种心理安慰，也不是对现实的逃避，更不是阿Q的精神胜利法。感恩，是一种生活方式，它来自对生活的爱与希望。

一次，美国前总统罗斯福家失盗，被偷去了许多东西，一位朋友闻讯后，忙写信安慰他，劝他不必太在意。

罗斯福给朋友写了一封回信："亲爱的朋友，谢谢你来信安慰我，我现在很平安。感谢上帝：第一，贼偷去的是我的东西，而没有伤害我的生命；第二，贼只偷去我部分东西，而不是全部；第三，最值得庆幸的是，做贼的是他，而不是我。"

对任何一个人来说，失盗绝对是不幸的事，而罗斯福却找出了感恩的三条理由。

与迎合所表现出的虚情假意不同的是，感恩是真诚的，是自然的情感流露，不带功利性，不求任何回报。

有些在事业上取得成功的员工，在被问及自己的成功经验时，他们总会归功于个人的才智与努力，丝毫不把上司考虑在内。一个人的成功当然跟个人的努力有很大的关系，但也缺少不了别人的帮助。其实在你从普通到优秀的进程中，你应该感谢你的上司。

只要静下心来，好好地想一想自己所走过的每一步，就会发现，自己的每次成功都得到过别人的帮助。作为下属，你应该明白自己的工作是上司指点的。没有上司为你提供工作，你就没有发展的机会，因此，上司是有恩于你的。那么，告诉上司你的感激，感谢他给你机会与提拔。这样一来，你的上司也会向你表达他的感激——感谢你的辛勤工作，双方都会因彼此的感恩而更加融洽。

从前有一个广交天下豪杰的武夫。他临终前对他的儿子说："别看我自小在江湖闯荡，结交的人如过江之鲫，其实我这一生就交了一个半朋友。"

儿子不理解，父亲就贴近他的耳朵交代一番，然后对他说："你按我说的去见我的一个半朋友，朋友的要义你自然会懂得。"

儿子先去了父亲认定的"一个朋友"那里。对他说："我是某某的儿子，现在正被朝廷追杀，情急之下投身你处，希望予以搭救！"这人一听，容不得思索，赶忙叫来自己的儿子，喝令儿子迅速将衣服换下，穿在这个并不相识的"朝廷要犯"身上，而让自己的儿子穿上"朝廷要犯"的衣服。儿子明白了：在你生死攸关的时候，那个能与你肝胆相照，甚至不惜割舍自己的亲生骨肉来搭救你的人，可以称作你的一个朋友。

儿子又去了他父亲说的"半个朋友"那里，把同样的话说了一遍。这个"半个朋友"听了，说："孩子，这等大事我可救不了你，我这里给你足够的盘缠，你远走高飞快快逃命，我保证不会告发你……"儿子明白了：在你患难时刻，那个能够明哲保身、不落井下石加害你的人，可以称作你的半个朋友。

感恩是一个人与生俱来的本性，是一个人不可磨灭的良知，也是现代社会成功人士健康性格的表现，一个连感恩都不知晓的人，必定是拥有一颗冷酷绝情的心，也绝对不会成为一个对社会做出贡献的人。

每天怀有感恩地说"谢谢"，不仅仅是使自己有积极的想法，也使别人感到快乐。在别人需要帮助时，伸出援助之手；而当别人帮助自己时，以真诚的微笑表达感谢；当你悲伤时，有人会抽出时间来安慰你，这些细节体现的都是感恩之情。

感恩不仅仅是为了报恩，因为有些恩泽是我们无法回报的，有些恩情更不是等量回报就能一笔勾销的。唯有用纯真的心灵去感动，去铭记，去积极行动，才能真正对得起给我们恩惠的人。

第二章　学会谦让，有理也要让人三分

了解对方兴趣，实现愉快沟通

房地产公司流传着这样一则故事，耐人寻味。

某房地产公司一位总裁的公关助理，奉命聘请一位特别著名的园林设计师为本公司的一个大型园林项目做设计顾问。但这位设计师已退休在家多年，且此人性情清高孤傲，一般人很难请得动他。为了博得设计师的欢心，公关助理事先做了一番调查，他了解到设计师平时喜欢作画，便花了几天时间读了几本中国美术方面的书籍。

做好准备后，他来到设计师家中。起初，设计师对他态度很冷淡，但后来公关助理发现设计师的画案上放着一张刚画完的国画，便边欣赏边赞叹道："老先生的这幅丹青，景象新奇，意境宏深，真是好画啊！"

一番话使老先生升腾起愉悦感和自豪感。接着，公关助理又问道："老先生，您是学清代山水名家石涛的风格吧？"这样，就进一步激发了设计师的谈话兴趣。果然，他的态度转变了，话也多了起来。

随后，公关助理对所谈话题着意挖掘，环环相扣，使两个人的感情越来越近。终于，公关助理说服了设计师，使他愿意出任其公司的设计顾问。

初次见面，如果能了解与利用对方的兴趣、爱好，就能缩短双方的距离，加深对方的好感。对不懂行的人来说，似乎觉得谈论嗜好是非常无聊的，殊不知热爱此道的人，却觉得有无限的乐趣，一旦发现有人对此一概不懂，毫不关心，反而觉得不可理解，十分可怜。兴趣爱好截然不同的人，无异于是在两个世界，要他们在一起闲谈，彼此都会觉得实在乏味。反之，如果遇到了志趣相投的人，真好比遇见了亲兄弟。

想要得到对方的好感，我们应该设法了解对方的兴趣，然后才能使谈话投机。平时我们与别人谈话，如果发现彼此兴趣相投，不由就会产生几分亲近感，谈话也变得十分愉快。

据说，有一位酷爱高尔夫球运动的保险公司业务员，碰到了喜欢高尔夫球的客人，就大谈打高尔夫球的话题，很少提及保险方面的事情，结果反而在这些人中签下了许多保险单。彼此情投意合，自然会成为好伙伴。

无论是在哪种场合下与人交往，总是可以通过很多渠道了解到对方的喜好。对他人喜好之物表示兴趣，可以顺利地达到沟通的目的。

要想迎合对方的兴趣，不需要主动挑起话题，更多地要用暗示，表明是不经意和他人的兴趣爱好相一致，这样才能令他人兴奋。如果主动挑起话题，往往达不到效果。比如说，一个喜欢写诗的人，你要是主动去和他大谈特谈写诗，他可能很厌烦，因为这方面他是专家，你所说的在他看来一句都说不到点子上。如果你无意中表示出兴趣来，让他来谈诗，你们的沟通就会很迅速地达到融洽。不经意地表达出和别人一样的兴趣爱好，会让别人主动趋近自己。

要想投其所好，最关键的一点是要了解他人的兴趣爱好，当然自己也要在这个爱好上有所准备，在沟通时自然会水到渠成。

接受对方观点，促进和谐交流

在人与人相处的过程中，有的人常会抱怨、批评对方难以沟通，认为别人无法理解自己的想法，因而产生诸多争执。这是因为对沟通的真实意义有认知上的错误，他们认为沟通就是要让别人接受自己所希望、所预期的一切结果，整个心思、注意力全集中在如何满足自己所选择的人、事、物里，但他们往往忘了要体察别人的需求和想法。

人与人相处时，如果彼此意见相左时，应该先放下自己的看法、意见，以接纳的心去倾听对方的真正的想法与需要，然后再看自己的想法与对方想法和需要之间的差异。然后，依据对方的经验，以其能理解及接受的语言模式来表达自己的看法让对方知道。须知，沟通对象的认知取决于其教育背景、生活环境、过去的经历以及他的情绪等因素。如果没有意识到这些问题，以对方无法理解的语句来表达意见，只会让对方思路杂乱，那样的沟通将会是没有结果、没有成效的。

如果我们无法接受说话者的观点，那我们可能会错过很多机会，而且无法和对方建立融洽的关系。就算是说话的人对事情的看法与感受，甚至所得到的结论都和我们不同，他们还是可以坚持自己的看法、结论和感受。

尊重说话者的观点，可以让对方知道我们一直在听，而且我们也听懂了他所说的话，虽然我们不一定同意他的观点，但我们还是很尊重他的想法。若是我们一直无法接受对方的观点，我们就很难和对方彼此接纳，共同建立融洽的关系。除此之外，尊重说话者的观点，也能够帮助说话者建立自信，使他更能够接受别人不同的意见。

郭子仪扫平安史之乱后，成为复兴唐室的元勋。唐代宗非常敬重郭子仪，将女儿升平公主嫁给郭子仪之子郭暧为妻。

有一次小两口吵架，郭暧见妻子摆出公主的架子，愤懑不平地说："你有什么了不起的？不就仗着你父亲是皇上吗？告诉你吧，你父皇的江山是我父亲打败了安禄山才保全下来的，我父亲因为瞧不起皇帝的宝座，才没当这个皇帝！"升平公主听到郭暧出此狂语，气得立即回宫禀报皇上。

唐代宗听完女儿的话后，不动声色地说："你是个孩子，有许多事你还不懂。你丈夫说的都是实情。李家的天下是你公公郭子仪保全下来的。如果你公公想当皇帝，早就当上了。"他劝女儿不要抓住丈夫的一句话，乱扣"谋反"的大帽子，要和和美美地过日子。在唐代宗的劝慰下，公主消了气，主动回到了郭家。

郭子仪知道这件事后，吓坏了，他听说儿子口出狂言，几近谋反，即刻令人把郭暧捆绑起来到宫中面见皇上，请皇上治罪。

然而，唐代宗却和颜悦色，一点也没有怪罪的意思，反而安慰郭子仪说："小两口吵架，话说得过了点，当父母的不要太当真了，不是有句俗话说'不痴不聋，不做家翁'吗？装作没听见就行了。"

郭子仪听了这番话，心里的石头才落了地。

要做到接受别人的观点，首先自己要有较高的修养，有大度的胸怀，能容忍他人，宽容他人，能求同存异，少计较个人得失，多考虑大局利益。

每个人都有自己的立场与价值观，因此，当对方说话时，我们必须站在对方的立场，仔细倾听对方所说的每一句话，即使不认同也要包容，不要用自己的价值观去指责或评判对方的想法。我们要包容那些意见跟我们不同的人，要试着去接受别人的观点，这样才能与对方保持良好的沟通。

第三章

善用技巧，沟通要把握好时机

在工作和生活中，沟通无处不在。从某种意义上来说，沟通决定了一个人说话办事的成果。一个人要想在工作和生活中畅通无阻，不掌握一定的沟通方法与技巧是不行的。沟通无定法，因人而异，因时而异，因事而异，才能使沟通顺畅。

寻找话题，拉近距离

不善言谈在交际场合中很容易陷入尴尬局面。因此，要想在交际场上得心应手游刃有余，必须在场面上懂得没话找话的诀窍。

没话找话说的关键是要善于寻找话题，或者根据某事引出话题。因为话题是初步交谈的媒介，是深入细谈的基础，是纵情畅谈的开端。没有话题，谈话是很难顺利进行下去的。

好话题的标准是：至少有一方熟悉，能谈；大家感兴趣，爱谈；有探讨的余地，好谈。

那么，怎么才能找到话题呢？

1. 借用新闻或身边的材料

可以巧妙地借用彼时、彼地、彼人的某些材料为题，借此引发交谈。有人善于借助对方的姓名、籍贯、年龄、服饰、居室等，即兴引出话题，常常收到很好的效果。"即兴引入"法的优点是灵活自然，就地取材，其关键是要思维敏捷，能作由此及彼的联想。

2. 找到共同爱好

问明对方的兴趣，循趣发问，能顺利地进入话题。如对方喜爱足球，便可以此为话题，最近的精彩赛事、某球星在场上的表现等，都可以作为话题而引起对方的谈兴。引发话题，类似"抽线头""插路标"，重点在引，目的在导出对方的话茬。

3. 把话题对准大家的兴奋中心

在交流时，要选择大家关心的事件为话题，把话题对准大家的兴奋中心。这类话题是大家想谈、爱谈又能谈的，自然能说个不停。

4. 以提问的方式不断拓展话题

向河水中投块石子，探明水的深浅再前进，就能有把握地过河；与陌生人交谈，先提一些"投石"式的问题，在略有了解后再有目的地交谈，便能谈得更为自如。如"老兄在哪儿发财？""您的孩子多大了？"等。

5. 由浅入深，一见如故

"道不同，不相为谋。"只有志同道合，才能谈得拢。我国有许多一见如故的美谈。陌生人要能谈得投机，要在"故"字上做文章，变"生"为"故"。要做到变"生"为"故"，首先得看准情势，不放过应当说话的机会，适时插入交谈，适时地自我表现，以便让对方充分了解自己。交谈是双边活动，光了解对方，不让对方了解自己，同样难以深谈。陌生人如能从你"切入"式的谈话中获取教益，双方会亲近。适时切入，能把你的信息主动有效地献给对方，实际上符合"互补"原则，奠定了"情投意合"的基础。

双方对彼此都有了一定的了解之后，还要寻找自己与对方之间的媒介物，以此找出共同语言，缩短双方距离。如见一位陌生人手里拿着一件什么东西，可问："这是什么？……看来你在这方面一定是个行家。正巧我有个问题想向你请教。"对别人的一切显出浓厚兴趣，通过媒介物引发，表露自我，交谈也会顺利进行。

在与人交流过程中，应留些空缺让对方接话，使对方感到双方的心是相通的，交谈是和谐的，进而缩短彼此间的距离。因此，和对方交谈，千万不要把话讲完，把自己的观点讲死，而应是虚怀若谷，欢迎探讨。把"我的"变成"我们的"。"我的事

第三章 善用技巧，沟通要把握好时机

业需要你的帮助"和"我们的事业需要你的帮助",虽然这两句话只有一点点的不同,但给人的感觉却是千差万别的。

在与人沟通的时候,最好能够先确定一下自己的立场,如果你发现自己的立场并不是站在对方的对立面上,甚至有可能与对方统一起来,那么这里有一个最巧妙的方法帮你用最短的时间完成有效沟通,那就是把"我的"变成"我们的"。

有时候,你将你的沟通对象看作对手,完全是你的角度问题,如果你能够选择一个正确的角度,做一些有必要的退让,你会发现你与对方的立场是能够合二为一的。

曾经有一家权威媒体做过一项关于诺贝尔奖的调查,在对所有获得物理学、生理学或医学和化学奖的科学家调查中发现,在这些伟大的获奖者中,靠着领导团队协作工作而最终获得成果的占三分之二以上,甚至有很多获奖者就是一个团队中的两个领导者,两人共同分享诺贝尔奖的现象越来越普遍。而更深一层次挖掘,媒体还发现,在大部分团队未形成之前,团队的成员实际上是竞争对手,是合作让他们走到了一起。

可以这样说,现代社会是一个越来越讲求合作的时代,无论是在职场上还是在科学研究领域,没有他人的协作,光靠一个人的努力是很难有所成就的。

因此,对于一个聪明人来说,就应该懂得如何去团结他人,如何凝固团队,如何让团队在自己的手中发挥最大的能量。

在某一年的广告业领袖大会上,作为广告业的创始人、美国历史上最成功的广告人、马瑟广告公司的总裁奥格尔自然是要作为主席和焦点人物上台第一个发言的。

但是,今年的奥格尔却一反常态,他并没有直接登上讲台拿广告业的发展作为主题,而是出乎意料地在每位到场的广告巨头面前放了一个俄罗斯套娃。他对面带困惑的广告巨头们微微一笑，然后说："请把你们面前的小木偶打开看一下。"

每位董事都把最外层的套娃打开，发现里面还有一个小套娃，再打开小套娃又出现了一个更小的，最后，在一个最小的套娃里面，大家发现了一张纸条，有人抱怨："这是在开什么玩笑？"

但看到套娃中纸条上的话时，大家全都陷入了深思，进而恍然大悟，会场中顿时响起了绵延不绝的掌声，在这张纸条上，奥格尔这样写道："如果你永远都只选用比你水平低的员工，那么我们的公司将有成为侏儒公司的危险。反之，如果你录用水平比你高的员工，那么我们的公司将会成为巨人公司。"

原来，在当时的广告业中，每个广告公司的经理为了自己的利益，都极力避免在公开场合提及广告设计师的名字。对于那些实力超群的广告设计师，大家也是一直采取压制的方式进行管理，以防他们跳槽。但这样一来，设计师失去了成名进而独立的资本，但也没有了工作的积极性和创作热情。因此造成了广告公司和广告设计师双输的局面。一时间，广告业变得非常不景气。而奥格尔正是看到了这一点，因此才要在如此重要的场合提醒大家，不要因为害怕员工强大而丧失了企业发展的机会。

其实，像那些早期的广告巨头那样的做法，在我们身边屡见不鲜。我们总是能够看到很多小老板，为了不让员工摸清太多的门道，和员工大打心理战，采取各种方法挤兑员工，把员工限定在一个框架内，抑制他们的成长和发挥。有这样行为的老板，恐怕他一辈子也就只能是一个小老板了。

一个成熟的人则不会如此，他非但不会抑制他人，反而会尽一切可能为他人创造机会，让他们发挥出自己最大的能量，进而

通过他们的成功来造就自己的成功。

没有一个人是无所不能的全才，因此我们才需要与人沟通，获得他人的支持。但他人的支持再强大，也绝没有让他人变成"自己人"来得更有价值。所以，统一与沟通对象的立场，展示你的包容性，让"我的"变成"我们的"，这对于你的未来是有着极大帮助的。

钢铁大王卡耐基曾说："你可以夺走我的金钱、厂房、机器，但是只要我还拥有现有的员工，那么，几年之后我还是现在的我。"什么是最重要的？人才是最重要的，找不到合作者的人是失败者。

我们总是看到这样的马太效应，强者的身边总围绕着强者，而失败者的身边也都是失败者，这种现象就为我们说明了一个道理，不断成就你身边的人，那么你也能够分享他们成功的果实，而如果总是打击你身边的人，甚至为他们的失败而幸灾乐祸的话，那么早晚，你也会变得和他们一样。

统一立场，用真诚的态度和豁达的胸襟将别人吸纳进来，让他们看到你的真心，促使他们与你进行合作，这种沟通的方式要比任何言语都有作用。无声是最好的沟通，但这种无声并不是真的什么也不做，而是以行动为声音，用真诚作为说服力，这样被你说服的人，会成为你成功路上最可靠的帮手，并和你一起获得成功。

给对方留面子"弦外之音"

在一家五星级酒店里，一位客人吃完最后一道茶点后，顺手就将一个精美的景泰蓝食筷悄悄"插入"自己的西装内衣口袋中。

这一举动正好让一位服务小姐看到了，小姐不动声色地迎上前去，双手擎着一只装有一双景泰蓝食筷的缎面小匣子，说："我发现先生在用餐时，很喜欢景泰蓝食筷。非常感谢您对这种精细工艺品的赏识。为了表达我们的感激之情，经主管批准，我代表本店将这双图案最为精美并经严格消毒处理的景泰蓝食筷送给您，并按照大酒店的优惠价格记在您的账单上，您看如何？"

那位客人立刻就明白了小姐话中的弦外之音，在表示了谢意之后，说自己多喝了几杯白兰地，头脑有些发晕，才误将食筷插入内衣袋内，并且聪明地借此下台阶说："既然这种食筷不经消毒是不能使用的，我就'以旧换新'吧！"说着取出藏在内衣里的食筷恭敬地放回餐桌，接过服务小姐给他的小匣子，不失风度地向付账处走去。

这件事情告诉我们：在别人犯错的时候，要巧妙地用"弦外之音"暗示，对别人的错误，点到为止就可以了。人难免会因一时的糊涂而犯错误，这就需要批评者在批评时把握分寸：既要指出对方的错误，又要给对方留面子。如果不是为了某种特殊需要，一般应尽量避免触及对方所避讳的敏感区，避免让对方当众出丑。

用语言作为暗示手段，可以理解为平时所说的"言下之意""弦外之音"等意思。也就是说，暗示者虽然没有明确而清楚地说什么，但实际上，他的意思已经表达出来了。

例如，教师在教学过程时，如发现学生有不专心听讲、违反课堂纪律的现象，就可以委婉地说"老师最喜欢专心听讲的孩子""认真听课才能完成老师布置的作业""老师很想听听你的意见""小脑壳应该积极转动才会更加聪明"等积极的暗示语言，这样那些不认真听课的孩子就会受到启发，立即意识到自己心理与行为的错误性，并积极地加以克服。

在职场中，面对一件事情，老板故意推迟不办的时候，员工就要善于从老板的话里，领悟出其中的一些不能说的原因。虽然没有清楚地说明，但他的意思已经含蓄地有所表示了。这是一种潜规则，如果你不能明白其中真意，你的职业生涯就会出现很多问题。

小王刚进公司做人事主管时，除了工资，就没享受过其他待遇。一次偶然的机会她得知计划部主管小赵的手机费竟实报实销，这让她很不服气。于是她借汇报工作之机向老板提出申请，老板听了很惊讶，说后勤人员不是都没有通讯费吗？"可是小赵就有呀！她的费用实报实销，据说还不低呢。"老板听了沉吟道："是吗？我了解一下再说。"

这一了解就是两个月，按说上司不回复也就算了，见老板没动静，她不依不饶，又找到老板，老板听后许久答道："这需要时间调查，是否真像你说的那样，我也不能确定。"之后，小王找到同事抱怨，却被人家一语道破天机："你知道小赵的手机费是怎么回事？那是老板的一位重要客户的电话，只不过借了小赵的名字，免得老板娘查问。"

小王吓出一身冷汗，暗暗自责没有领会老板说话的"弦外之音"，从此再也不敢提手机费的事了。

正话反说给对方留面子

有些人在为人处世中不讲道理，对于这种人，是否就没有办法说服他们呢？答案当然是否定的。只要能把握分寸，摸清底细，思路开阔一点，头脑再灵活一点，说话时语气再柔和一点，就可以把这种人说服。正话反说就是一种有效的办法。

春秋时，齐国的景公很喜欢打猎，并让人养了很多老鹰和猎犬。

一天，负责养老鹰的人，不小心让老鹰跑了一只。齐景公大怒，要下令斩杀这个人。这时，大臣晏子闻讯赶到，他看到齐景公正处在气头上，怒不可遏，便请求齐景公允许他在众人之前尽数此人的罪状，好让他死个明白，以服众人之心。齐景公答应了。

于是，晏子就当着齐景公的面，一边指着这个人，一边扳着手指大声地斥责道："你为大王养鸟，却让鸟飞了，这是你第一大罪状；你使大王为了几只鸟儿而杀人，这是你第二大罪状；杀了你，让天下诸侯听了这件事，责备大王重鸟轻人，这是第三条罪状。以此三罪，你是死有余辜。三条大罪，不杀不行！大王，我说完了，请杀死他吧！"

齐景公听着听着，听出了其中的意思，转怒为愧，停了半晌，才慢吞吞地说："不要杀了，先生的话我领会了，放他吧。"

晏子实际说的是反话，表面上似乎斥责养鸟人的罪状，实际上是在批评齐景公"重鸟轻人"，毫无仁慈之心。这种反语诡辩的运用，既照顾了景公的面子，又把是非说得很清楚，从而使景公承认了自己的错误。

巧妙地运用反语，不仅可以救人，还可以讽谏，劝导别人，表达自己的正确主张。

秦朝宫廷里有个乐使名叫优旃，他滑稽多谋，常用幽默讽刺的语言批评朝政。

秦始皇死后，胡亥继位。他一上台便打算把整个咸阳的城墙油漆一新，这实在是一件劳民伤财的事。

有一天，优旃乘机问："听说皇上准备油漆城墙，有这件事吗？"

"有。"胡亥说。

"好得很！"优旃说，"即使皇上不说，我也要请求这样做了。漆城墙虽然辛苦了百姓而且要多派税捐，但城墙漆得油光光、滑溜溜的，敌人进攻时怎么也爬不上来，多好啊！要把城墙漆一下不难，难的是找不到一间大房子让漆过的城墙阴干。"

优旃的一席反话，使胡亥打消了油漆城墙的念头。

正话反说的事例很多。下面这个故事发生在五代时期后唐的开国皇帝庄宗李存勖身上。

有一次，李存勖打猎的兴致来了，就纵马奔驰。等到了中牟县，老百姓田地的庄稼被他践踏了一大片。中牟县令为民请命，挡马劝阻。庄宗大怒，要将县令斩首示众，随行大臣没有一人敢进谏言。

过了一会儿，一个叫敬新磨的伶人从背后转到庄宗马前，押着将被砍头的县令，愤怒地指责说："你身为一个县官，难道还不知道我们的天子喜欢打猎吗？你为什么纵使老百姓在田地里种庄稼来缴纳国家的赋税呢？你为什么不让你们县的老百姓饿着肚子而空着地，好让天子来此驰骋打猎取乐呢？你罪该万死！"

怒斥之后，他还请求对中牟县令立即行刑。

庄宗看到眼前的一切，明白了敬新磨的意思，然后哈哈一笑，就免了中牟县令的罪，让其回府了。

敬新磨指桑骂槐，指东说西，正话反说，不仅保全了庄宗的面子，而且，让他明白了这一切完全是自己的过失。当然，更为重要的是，一个刚正廉洁、冒死为民请命的县令的命也保住了。

很多时候，若想能举重若轻、易如反掌地达到自己想要达到的目的，尤其是要表达自己的愤懑、不平或劝诫时，不妨正话反说一下，往往能收到意想不到的效果。

说话要选择恰当的时机

选择适当的说话时机，是达到沟通目的的重要手段之一。选择接受者时间充分、心情舒畅的时候进行沟通，比其时间仓促、情绪低迷时，效果要好得多。

例如，在家庭生活中，与孩子交流宜早不宜迟。但是具体问题要具体分析，如果不是很急、非马上谈不可的事，还是应该选择一个恰当的谈话时机。这样的情形不外乎两种：一是事件需要调查，情况尚不明朗，原因还不清楚；二是孩子心理准备不足。后者更重要。迟一点找他，可以让他先想一想。在他情绪不稳定时，与他谈话的效果肯定不好。比如孩子考试失常，成绩一出来，你就马上找他，无论怎么谈，都会事倍功半。等到他自己前后比较、自我反思后，情绪稳定下来了，希望和你谈谈的时候，你再与他谈话，那气氛和效果都会比较好。从时间上来说，人的生理规律告诉我们，下午 5 ～ 7 点是生理活动最低点，迫切需要补充营养，恢复体力。所以，孩子放学回家刚放下书包时是不宜谈严肃话题的，因为一天下来的疲劳使人难以集中注意力，也不好控制自己的情绪。晚饭过后，心情逐渐开朗，这是与孩子分享家庭幸福、进行沟通的比较好的时机。

这样的道理同样适用于职场当中。例如，你想要与领导进行沟通，让领导采纳你的意见，就要选择好的时机。上午 10 点左右，领导可能刚刚处理完清晨的业务，有一种如释重负的感觉，同时正在进行本周的工作安排，你适时地以委婉方式提出你的意见，会比较容易引起领导的思考和重视。还有一个较好的时间段是在午休结束后的半个小时里，此时领导经过短暂的休息，可能会有更好的体力和精力，比较容易听取别人的建议。

提出想法时，选择时机特别重要。如果不得不先提出想法，也要在整个气氛非常融洽的时候提出。

刚刚担任了经理的王先生，经过市场调查和同行论证，制订了一份扩大销售业务、抢占外地市场的计划书。但实施这份计划，需要比较大的人力、物力和财力投入。王经理明白，像这样的提案，按照公司运营的情况来看，恐怕难以通过，要想使计划得以通过，必须讲究策略。

一天，王经理借着总经理出差归来的机会，提出要为老总接风洗尘，并特地安排在一家老总从未到过的风味小店就餐，同时还带上了参加过市场调查的业务人员陪同。老总吃得很满意，连连夸奖王经理安排得好，既省钱又有特色。王经理看时机已到，就将自己制订的计划书交给老总看，并用"抬高目标"的方法强调实施这项计划对公司业务发展的重要性；随同的几位业务员，也以市场调查的亲身经历和感受陈述了实施这个计划的必要性。

老总看计划书准备得相当充分，当即表示同意，并答应三天内召开董事会专题研究这项计划。

当领导者的工作比较顺利、心情比较轻松的时候，如某些方面取得成功、节日前夕、生日等时候，心情会比较好，这是与领导进行沟通的好时机。领导心情不好时，你的意见他就很难听进去，不便于沟通。

说话的时机选择好了，也要注意说话的内容和语气。如果有一个人家在办丧事，处于无限悲痛之中，我们就不能以要求的口吻叫他去干这个，或是干那个；如果某个工厂的老板因为使用新工艺，却没有获得成功，正在无限懊悔的时候，最好不要再毫无保留地去评论这个新工艺，必须等对方后悔之情淡漠以后再去说明其中原因；如果公司在竞争中处于下风，而你还反复不停地议论参加这次竞争的不明智，那是愚蠢的行为。

总之，在人际交往中，有很多话不是我们想什么时候说，就可以什么时候随便说出口的。说话如果没有选择好时机，很可能会把事情办砸；只有把握好说话的时机，才能办成自己想办的事。

简明扼要，突出重点

平时与人交谈，尽量做到简单明了，不要拖泥带水，不要说了半天让人不知所云。说话要简洁，不啰唆，让听者明白你的意图，这将有利于交际。

清代小说《镜花缘》中有这样一个故事：

林之洋、唐敖几个人在淑士国一家酒楼喝酒，酒保错把一壶醋给了他们，林之洋喝了一口，忙喊："酒保，错了，把醋拿来了。"

这时旁座的一个老儒连连摆手，示意他不要喊，接着说道："今以酒醋论之，酒价贱之，醋价贵之。因何贱之？为何贵之？其所分之，在其味之。酒味淡之，故尔贱之；醋味厚之，所以贵之。人皆买之，谁不知之。他今错之，必无心之。先生得之，乐何如之！……"

且不说这位老儒滥用"之"字，仅仅从内容上说，也是废话连篇。明明三言两语便能说清的话，他却长篇大论，让人越听越糊涂。

因此，在说话时，语言一定要简洁，否则谁也不愿听。

例如，在与孩子沟通的过程中，父母就不应该长篇大论。有的父母以为，沟通就是长时间的说教，却不知道正是自己的长篇大论，致使孩子把握不了说话的重点，更没有说话的机会，从而使家长失去了和孩子沟通的机会。

再如，在与领导交谈时，也一定要简单明了。对于领导最关心的问题要重点突出、言简意赅。如果在讨论设立新厂方案的话，领导最关心的还是投资的回收问题。他希望了解投资的数额、投资回收期、项目的盈利点、盈利的持续性等问题。因此你在说服领导时，就要重点突出，简明扼要地回答领导最关心的问题，而不要东拉西扯，分散领导的注意力。

进行有效的信息沟通，其首要的前提是表达的信息必须别人能理解，信息必须是清楚和明确的。交谈时最基本的一点，就是要让他人准确无误地听明白自己的发言。这看起来很容易，做起来却并不是那么简单。可以从以下几个方面做起：

1. 发音标准，吐字清晰

说话时含含糊糊、口齿不清楚，很容易让对方感到不耐烦。尤其需要注意的是，不要在说话的同时，嘴里含着食物或其他东西。应该做到发音标准，吐字清晰。

2. 要有较好的表达能力

一个好的沟通者，应该具有较好的表达能力，能将自己的意思完整准确地表达出来。如果是文字信息，应该简明扼要，具有一定的可读性。当前最重要的，是忌用方言、专业术语，而应以普通话作为正式标准用语，尽量选择精确的词汇。我们经常看到一些文件、通知、简报等，文字晦涩难懂，不用说理解，连读都很困难。特别是有些文字信息，不考虑对象的具体情况，也会使交流受到影响。

3. 语言要简洁明了

与人交谈时，用语要言简意赅，要将自己所要讲的事用最简洁、明了的语言表达出来。一般来说，信息越简单明了，就越容易得到正确的理解。如果要表达的信息十分复杂，应该逐步表达出来，给接受者以理解、消化信息的时间。

4. 不同的对象说话也不一样

谈话的特殊性在于它是即时发生作用的。这就要求谈话者对自己要表达的内容有清楚的考虑，同时针对不同的对象"见什么人说什么话"。

5. 不可产生歧义

所说之话要含义明确，不可产生歧义，模棱两可，以免产生不必要的误会。例如"咱们单位里老张是长寿冠军，您排第二。

可上周老张不幸去世了，所以这回该是您了！"这句话原意是说对方已取代老张成为长寿冠军了，可乍一听却以为是在说对方也要步老张的后尘赴黄泉路了。可见，语言明确是十分必要的。

跟别人交流时措辞很重要

相恋八年的女友将小刘甩了，小刘终日借酒浇愁，郁郁寡欢。朋友们看着难受，便轮番过去作陪，在一边陪酒，一边劝说。但劝来劝去，反反复复，也就那几句俗话，说什么"女人是衣服""旧的不去，新的不来"，还有就是什么"三条腿的蛤蟆不好找，两条腿的人还不好找吗"，等等。理是这个理，可说了一千遍讲了一万遍，小刘就是无动于衷。

后来有一天，一位朋友见苦劝无效，脑子一转突然诗兴大发，脱口高声吟出不知在哪儿看到的几句诗："不要失望！因为你所失去的只是春天里的一朵花；抬头远望，整个春天还是你的！"小刘一听，立刻一下子来了精神，竟然也跟着小声读了起来。

不久，小刘就从失恋的阴影中走了出来。后来他告诉朋友们，正是这句诗让他振作了起来。

同样的一件事情，运用不同的措辞效果就会有天壤之别。爱情就是这么奇怪，既听不得高谈阔论，更容不下低级趣味。即使我们无福享受，却总在绞尽脑汁地去讴歌，而且不惜用尽一切溢美之辞去赞美，这是因为爱情毕竟是我们美好生活的一部分。

掌握并善于使用交流技巧，对于我们来说具有莫大的助益。

成功促使他人改变态度和行为的原则是既要解决问题，又要不伤害双方的关系和对方的自尊。因此，措辞是否恰当是非常关键的。

我们要避免使用带强迫意味的词语和语气。强迫性的措辞会让人觉得丧失了主动权，产生逆反心理。例如，"您这星期哪天方便，我们见见面？"比"我们在星期一上午 10 点见面还是在星期三下午 2 点见面？"的效果会好得多，因为后者具有一定的强迫性。

跟别人交流时，措辞是很重要的，讲话时一定要用积极的措辞。例如，某所学校只有一个山西的学生，校领导直接告诉来访的家长说，在这所学校里只有一个山西的学生就读，显然这会对家长造成消极的影响，认为学校规模可能不大。如果换个积极的措辞，说在这所学校里面已经有过一个山西某某地的学生了，给家长的感觉就是你对当地还比较了解，而且学校招生范围很广，就会对对方产生一定的影响。

适当的措辞使建议易被对方接受，当然拐弯抹角让别人猜你到底在说什么除外。不过请注意，如果你还未听完整个问题的精髓，即使用词再得体也没有用。一旦你全面地听完，便可以试着使用以下句子："关于这个，你想听我说一点我的想法吗？""对于这个问题，我见过别人用这样的方法解决。"最好避免使用"你应该这么做"或者"你有没有试过（你的办法）"之类的说法。因为，它们听起来好像要让人欠下人情一样。

第三章　善用技巧，沟通要把握好时机

说话要有效地控制语速

说话时，停顿处理得好，可以有效地控制语速，使话语变得流畅而有节奏，从而能更好地表情达意。停顿的一般规律是：一句话说完要有较小的停顿，一个意思说完要有较大的停顿；有时候，要说的意思比较复杂，句子较长，不能一口气说出来，中间应该按照句子的成分作短暂的停顿；或者为了强调某一个特殊的意思，也要在句中有停顿。

在与人沟通过程中，一定要善于运用停顿。例如，在与客户沟通中，你讲了一分钟的时候，就应该稍微停顿一下，不要一直不停地说下去。否则你讲了很长时间，你也不知道客户是否在听，也不知道客户听了你说的话后究竟有什么样的反应。适当地停顿一下，可以更有效地吸引客户的注意力。客户示意你继续说，就能反映出他是在认真地听你说话。停顿还有另一个好处，就是客户可能有问题要问你，你停顿下来，他才能借你停顿的机会向你提出问题。在一问一答互动的过程中，自然更能加深对你讲话的印象。

再如，教师如果不间断地一直讲课的话，学生就没有思考的余地。恰当、灵活地运用停顿来控制节奏，能够有效地引起学生的注意力，产生明显的刺激对比效应。教师突然停顿，出现的寂静可以紧紧抓住学生的注意力。一般来说，停顿的时间以三秒左右为宜，这样的停顿足以引起学生的注意。当然，停顿时间不可过长，长时间停顿反而会导致学生注意力涣散。

停顿也是导游员讲解中短暂的中止时间，中止时间的长短难以规定秒数。例如，导游讲解时，并不是讲累了需要休息一下，才停顿片刻，而是为了使讲解能收到心理上的反应效果，突然故意把讲话中止。假如你一直滔滔不绝、口若悬河地说个不停，不仅无法集中游客的注意力，而且会使你的讲解变成催眠曲。

反之，如果说话吞吞吐吐，半天说出一句话，或在不该停顿的地方停顿了，不仅涣散游客的注意力，还容易使人产生语言上的歧义。

人际沟通不只是信息交流的过程，也是情感交流过程，而情绪总有一个发生和发展的过程，对方往往是在通过谈话者的叙述后而产生联想，进而产生"情绪波"。如果我们不给对方一个机会，而是一掠而过，就难以有效地激起对方的情绪体验。适当停顿还会使对方认为我们自己也在思考，从而更易于引起共鸣。从实际情况看，自然的心理停顿也是沟通者自身情感的一种表露，也能激发对方的情感。

适时的停顿还能引起听者的好奇、注意、产生悬念，急于知道下文。因为突然的停顿是一种节奏的变化，它很容易引起听者的注意。任何心理活动总是在一定的注意伴随下进行。正如一位心理专家说过一句话："注意是一座门户，凡是从外界进入心灵的东西，都要通过它。"如果没有对于沟通信息的注意或者不太注意，人们对沟通信息就缺少应有的指向或集中，就不可能把握沟通信息，进而了解并接纳。

停顿作为人际沟通的一种技艺，对于沟通信息的传递、交流以至情感的表达和交流有着多方面的作用，但它毕竟只是人际沟通的一种辅助形式，所以应因地制宜、择机运用。

插话要掌握的技巧

一位律师曾承办过一件已经由法院判定的诉讼案件，但谈判双方对于法院裁决的有效性却还有所争议，而经过数次的讨论，仍无具体结果。不过，律师已看出对方的信心有了些细微的动摇迹象。

法院判决的有效与否，对谈判结果具有重大的影响。因此，虽然对方觉得此议题已无再谈下去的必要，但律师仍旧再三地使用"插话"的缓动技巧，努力地把话题拉回判决有效与否的问题上。律师一再告诉对方"虽然我们已就法院判决的问题充分地讨论过，再重新提出的话，确实是有些煞风景。不过……"接着便说明自己对判决的看法。就这样，一有机会，律师便反复陈述对法院判决的看法。

最后，对方的信心终于完全动摇，而反过来接受律师的主张了。

适当地插话，或简述你过去的同样经验，以印证说话者的观点，或直接表达你对说话者的观点的理解、赞同，不仅可以让某些事情有所转机，更可以有效地促进人际沟通。

那么，在插话过程中，要掌握哪些技巧呢？

1. 插话的频率要适度，内容要有所选择

插话的运用频率不宜太高，以防给对方造成心理上的压力或打乱安全谈话进程；插话的内容要有所选择，可以对对方所说的话表示赞赏和认可，如："对！""有道理！""这观点我同意。"

2. 避免争论

即便对方的言论中，有很多不通的地方，甚至说连整个句子都是非常无聊的，你也先肯定你认为相对合理（对你而言并不一定正确）的那部分，以免引起对方的反感而让你无插话的机会。当你的肯定的信号进入他的大脑之后，对方将会改变对你的不够信任或者不够友好的态度。

3. 选择恰当的时机

在适当的时机插话会有良好的效果，插话时机不当还不如不插。最好在说话人将一层意思说完、话音落定之后再插话。不要在一句话中间横插过去，直接打断了对方的话。这样很不礼貌，打断对方的思路也会令对方反感，效果也可想而知。

4. 对自己没听清的话进行询问

可以尝试使用这样的话语，如"您刚才说什么呀？""刚才的话我没听清，请您再重复一遍好吗？"等。

5. 及时做出自己的判断

可以及时就对方的观点做出自己的判断，简明扼要地表达赞同、反对或做出补充说明等，让整个谈话过程呈现出互动性和有序性。比如，当对方急切地想让你理解他的谈话内容，并作反复杂乱的解释时，你应该插一两句话来概括他话中的含义，像"你想说的是这个意思吧……""我明白你的意思是指……"等，这样既让对方感到了你的诚意，又验证了双方的交流程度。

6. 紧急救急法

有时，对方说着说着，突然语言卡壳，或一下子找不到合适的词了，此时，你就可以帮他接下话尾。如"就这个观点，现在是否还有新的说法……""当时在场的还有……""我觉得这个事情还有这样一层道理在里面……"等。

7. 启发引导

可以对对方进行启发引导，例如："后来怎么样？""能举个例子吗？""这有什么依据吗？"等。

8. 想好插话内容

不要急于插话，要想清楚自己要说什么，怎么插话比较合适。即兴插话，语无伦次地乱讲一通，对方会很扫兴；把话说到位，才能令对方信服。

9. 看准插话的对象

插话要看人，不要不看对象地乱插。朋友之间比较熟悉，不妨事；与上级领导就不能信口开河了，尽量少插为佳。不过事后你可将自己的意见，通过合理的方式反映上去。一般领导不会喜欢下属在自己的谈话中乱发言。

10. 调控全局法

当对方偏离主题、信马由缰地大侃特侃时，应善于运用插话的方式来调整谈话重心，使谈话朝着有利于谈话主题的方向发展。可以适时插进去诸如"我想今天还是主要讨论……""能不能就这个问题，我们再交换一下意见"等之类的话。这种插话能使整个谈话过程形散而神不散。

有一次，松下幸之助感到很苦恼，因为很多问题不能解决，于是他就跑到寺庙里去问一位老师父。

他说："请问老师父，什么叫作管理？"

那位老师父就拿起一个茶杯给松下幸之助，说："你拿着。"然后，他就提起一个茶壶往松下幸之助的茶杯中倒，一直倒至茶溢出来。

松下问："老师父，杯子不是满了吗？"

老师父说："你知道杯子水满了，你就懂得什么叫管理。"

老师父用这种方式告诉了松下幸之助什么叫管理，这是一种很高明的沟通技巧。杯子要空的时候才有用，杯子如果满了，它就没有用了。所以，当一个领导者，要时时刻刻维持一个空杯子的状况，才听得进别人的意见，才能够接受下属的建议，才不会自以为是。

把握好有话直接说的技巧

人与人之间的很多隔阂和矛盾，往往来自于不直接说出自己的内心感受。不是以为对方应该知道，就是以为自己太了解对方，于是，不去表达也不去沟通，结果经常出问题。很多时候，静下心来好好看着对方，直接告诉他自己真正的感受，对人对己都有益处。

一个叫小多的孩子跟父亲的关系一直不好，他已经有许多年没有和父亲讲话了。于是，他走进了一家心理治疗室。

治疗师请一位同学扮演他的父亲，请他们两个人面对面直视对方。一开始，小多都不想看他，手握着拳头，身体微微颤抖，在场的人都能感受到他有很大的愤怒，却一直把愤怒压抑了下去。这个时候，治疗师请小多叫对方一声"爸爸"，小多还是说不出口。僵持一阵子之后，小多愤怒的情绪逐渐转为悲伤，低着头小声地哭泣起来，但还是不愿意去看爸爸。这是个关键的时刻，治疗师开始征询小多的意愿，问他愿不愿意继续下去，小多点了点头。于是当他说了下列这一段话之后，多年来的心结，突然轻松了许多。

"我不想承认你是我父亲，可是你却生了我，我若承认我是你儿子，我就输了。我讨厌你，我不想看到你，可是我还是很想靠近你，渴望得到你的爱！"

有时直接说出自己真正的感受，并不是一件容易的事。因为有的人已经不习惯说真话，当压抑、迂回成为一种生活方式，他们就很难去发现各种关系中的爱。这种爱的关系来自于真诚，而直接说出来就是真诚的具体表现。有时候，也许直接说出来会觉得很痛、很伤心，但只有鼓足勇气去接受这个痛，才能看到痛背后的爱。

从前，有一位挑水工，他有两只水桶，分别吊在扁担的两头，其中一只水桶有裂缝，另一只完好无损。每次完好无损的水桶，总是能将满满一桶水从溪边送到主人家中，但是有裂缝的水桶到达主人家时，却总是只剩下半桶水。

两年来，挑水工就这样每天挑一桶半的水到主人家。破水桶饱尝了两年失败的苦楚后，终于忍不住了，在小溪旁对挑水工说："我很惭愧，必须向你道歉。过去两年，因为水从我这边一路地漏，我只能送半桶水到主人家。我的缺陷，使你做了全部的工作，却只收到一半的成果。"挑水工笑了笑说：

"我们回主人家的路上，我要你留意路旁盛开的花朵。"

果真，他们走在山坡上时，破水桶眼前一亮，它看到缤纷的花朵开满路的一旁，原来，这些花朵正是因为吸收了破水桶洒在路上的水，才得以美丽开放，知道了这一点，破水桶开心了许多。

破水桶的缺陷是千真万确的，但破水桶很有自知之明，没有为自己狡辩，而是勇敢地说出自己的不足，怀着一颗真诚的心，努力工作着。大胆地说出自己的想法和感受，这是我们为人处世应该遵循的准则，也是沟通时要遵循的准则。

在家庭中需要直接说出自己的想法，在职场中也需要直言不讳地告诉对方我们的要求与感受。一位知名企业经理就曾坦言道："我在各种国际商谈场合中，时常以'我觉得'（说出自己的感受）、'我希望'（说出自己的要求和期望）为开端，结果常常会令人极为满意。"直接告诉对方，将会有效地帮助我们建立良好的人际关系网络。但要切记"三不谈"：时间不恰当不谈；气氛不恰当不谈；对象不恰当不谈。

同样，在爱情方面，有时也需要大胆而毫无保留地向对方倾吐自己的感情。一般而言，对性情直率、表达思想感情喜欢开门见山的人宜采用此法。另外，对于交往比较深，有一定的感情基础，或者两人已经暗地互相倾慕，只需"捅破那层纸"的双方来说，直抒胸臆表达爱情很省力，也别有一番趣味。列宁向克鲁普斯卡娅求爱时，就直截了当地说："请你做我的妻子吧！"而一直爱慕列宁的克鲁普斯卡娅也回答得很干脆："有什么办法呢，那就做你的妻子吧！"

第四章

幽默口才，拉近人与人之间的距离

幽默是生活的调剂品，更是热爱生活的表现。在生活中，适当的幽默不仅可以缓解尴尬、紧张的气氛，还可以增强人与人之间的感情。我们要根据自己身处的环境，用幽默化解沟通中的各种矛盾与争端。

用幽默说"不"

毕达哥拉斯说过:最短、最老的字——"好"或"不"——需要最慎重的考虑。

想想看,当你必须说"不"时,你有多少次说了"好"?你是不是怕拒绝伤害别人的感情所以很快地、本能地说了"好",等到事后又后悔自己的所作所为?你是不是个只会说"好"却又不能照顾自己,整天带着叹息与别人相处的人?

明朝郭子章所著的《谐语》里说,有人求在朝中当官的苏东坡为他谋个差事,苏东坡就幽默地回绝了他。

苏东坡对来求他的这个朋友说:"以前有个盗墓人,掘了第一个墓,内为一个赤身裸体的人,是主张裸体下葬的王阳孙;掘了第二个墓,掘出了汉文帝,这个皇帝是不准随葬金银玉器的;第三个墓里掘出了饿死在首阳山的伯夷;盗墓人还想继续掘第四个墓,伯夷说:'别费心了,我弟弟叔齐也无门路!'"

有所求的朋友听了这个故事,便知趣地走了。

从这个故事可见,回绝也是需要幽默的。无论别人对你的要求是听从还是反对,你都有权说"不",只有这样,你才能顾及自己的实际情况,同时以真诚的态度面对对方。

索尔仁尼琴的小说《癌症楼》上有下面这样一段对话:

薇拉·科尔尼利耶夫娜宣布说:"奥列格·科斯托格洛托夫,从今天起您担任病房里的组长。"

科斯托格洛托夫态度非常友好地说:"薇拉·科尔尼利耶夫娜!您是想让我在道义上蒙受不可弥补的损失。任何一个当官的都免不了要犯错误,而有时还会权迷心窍。因此,经过多年的反复思考，我发誓不再担任什么行政职务。"

"那就是说，您曾经担任过，对吗？而且，职务还挺高，是吧？"

"最高职务是副排长。不过实际职务还高些。我们的排长因为实在迟钝和无能被送去进修，进修出来之后至少得当个炮兵连长，但不再回到我们炮兵营。因为我是个挺棒的测绘兵，小伙子们也都听我的。这样，我虽然只有上士军衔，却担任了两年代理排长。"

"既然是这样，您何必推辞呢？如今这差事也会使您满意的。"

"这真是妙不可言的逻辑——会使我满意！而民主呢？您岂不是在践踏民主原则：病房的人又没选我，选举人连我的履历也不知道……随便说说，您也不知道……"

富有幽默感的奥列格是一个懂得拒绝的人。他婉言谢绝了薇拉要他担任临时的病房里的组长的建议。他首先摆出自己谢绝的理由，并让被拒绝者完全认同了这些理由。总之，好的婉言谢绝往往产生幽默的效果。而当你带着幽默的态度去拒绝自己力不能及的事情的时候，很自然地就会产生委婉曲折富有说服力的幽默故事。

在一个酒吧里，两位朋友的谈话如下：

甲："威士忌加点水，好吗？"

乙："谢谢！我可以喝点别的饮料吗？"

甲："当然可以。不喜欢威士忌吗？"

乙："我好像还没有品尝出威士忌的妙处，大概是还没长大吧！"

甲："那么，要喝点什么？"

乙："我喜欢凤梨这些水果掺在一块儿的综合果汁。"

第四章 幽默口才，拉近人与人之间的距离

会话在轻松的气氛中进行，自然能够酿出快乐的氛围。虽然是同样的意思，如果说"这个我不喜欢"或是"那个我不喜欢"，感觉上则相差甚远。

一个人要会说"好"，也要在该拒绝的时候会说"不"。不会说"不"，你就不是一个品格完整的人，你会变成一个不情愿的奴隶，你会成为别人的需要和欲望下的牺牲品。

把出丑当作乐趣

一个人的糗事通常具有极其强大的娱乐和励志效果。举个例子，你不小心在朋友面前摔倒了，如果选择红着脸偷偷溜走，大家可能会一直记得这件事；如果你气定神闲地爬起来，然后问问周遭的人："我的屁股是不是成两瓣了？"那大家听了肯定会哈哈一笑，之前那种尴尬的氛围也会一扫而空，大家自然也会记住你的幽默，从而加深了对你的印象。假如你是位女士，提"屁股"有伤大雅，那你可以在站起身后自嘲一句："这一跤跌得难看，但我起来的姿势还是非常淑女吧？"

一般来说，越是在出糗的危急关头，越能考验一个人的幽默能力，因为这时没有时间搜肠刮肚想招数，又必须快速做出反应。假如你不能迅速转移尴尬，一下子找不出一个无伤大雅的"笑点"，那就选择厚着脸皮拿自己开涮吧！连弗洛伊德都说："最幽默的人是最能适应的人。"

在一次南非发展共同体首脑会议上，南非前总统曼德拉接受了授予的"卡马勋章"，并发表了一段重要的演讲。演讲到一半时，曼德拉突然发现讲稿的前后页顺序不对，急忙来回翻看，可一时找不到正确的页码。

这时，整个会场寂然无声。曼德拉嗅出了空气中的尴尬味道，便不慌不忙地说："我把讲稿的次序弄乱了，你们要原谅一位老人。不过，我知道在座的一位总统在一次发言时也把讲稿次序弄乱了，不过他自己却不知道，照样往下念。"

曼德拉说完，整个会场笑声一片。不过，曼德拉还觉得不够，又接了一句说："其实，讲稿不是我弄乱的，秘书是不应该出现这种错误的。"

于是，刚刚停止的笑声又一次响起，大家连连鼓掌，会场里满堂喝彩。

曼德拉的幽默感仿佛是与生俱来的，不仅毫无哗众取宠、故弄玄虚之嫌，反而像是跟你自然地闲话家常。就算不小心出了糗，他也脸不红心不跳，而是主动放低姿态，请大家原谅一位脑筋糊涂的老人。一位年过八旬的老人提出这样的要求，谁还忍心责怪呢？不过，曼德拉更厉害的在于他在道歉之后还能沉着冷静地将"战火"引到别人身上，使自己的错误看起来微不足道。当然，要想在出糗后幽默一下，话语间必须要衔接自然，否则很难化解窘境，甚至可能会让局面更加尴尬。

其实，在现实生活中哪个人没出过糗呢？比如，众目睽睽下摔了一跤，方便后忘记给裤子"关门"，去餐馆吃大餐却没带钱包……这些都会让你陷入尴尬，可接下来周遭人们那肆无忌惮的大笑，可能会让你想马上找个地缝钻进去。于是，你就像个小丑，可怜巴巴地变成了笑话，让你的糗事看起来更糗。其实，"糗"不"糗"并不在别人，而在你自己。

如果把出糗当作大事，你自然幽默不起来；如果你心态阳

光、乐观豁达，幽默感自然会与你如影随形。很多时候，出丑并不是坏事，比起无可挑剔的人来说，有些小缺点的人更显得真诚、可信，在人际交往中自然也会更有魅力。

一次，白宫举行钢琴演奏会，里根总统正在演讲。当演讲进行到一半时，他的夫人南希不小心连人带椅跌落在台下的地毯上。

在观众的惊叫声中，第一夫人灵活地爬了起来。伴随着两百多名宾客热烈的掌声，南希尴尬地回到了自己的座位上。

南希的这一跤，不仅让她自己觉得没有面子，就连里根总统也觉得有几分尴尬。不过。他见夫人并没受伤，便诙谐幽默地说："亲爱的，我告诉过你，只有在我没有获得掌声的时候，你才应这样表演。"

听了里根的话，观众席爆发出了热烈的掌声，里根夫妇的尴尬也就此化解了。

南希的摔倒，让里根夫妇陷入了尴尬。这时，假如里根总统一言不发，就会显得他们夫妻关系不够融洽，不仅会让第一夫人感觉难堪，还会让台下的观众觉得不快。可是，如果他埋怨南希，或是埋怨会场布置疏忽，可能会显得他小题大做、风度不佳。于是，里根总统编造了一个小故事，不仅化险为夷，给了南希和自己一个台阶下，更显露了个人的幽默、豁达，拉近了与听众的距离。出糗后找借口可以天马行空、不着边际，因为没人会去计较真假，只要能够在当下转移大家的注意力，让气氛不那么尴尬，就算大功告成了。

一般来说，只要出糗者能够镇定自若，那周围看笑话的人也会觉得此事并不严重。假如出糗者先自乱阵脚，往往就会让人觉得很懦弱，并且会使他陷入尴尬之中。

让误会在笑语中消逝

正所谓笑可以缓解人们的不良情绪，能表达出人类征服忧患的能力，也能增进人与人之间的友谊、信任和联系；而幽默的笑则是有趣的、高尚的、会心的、意味深长的。在演说和谈话中，一些就地取材的诙谐言语，灵机一动的闪光智慧，不露痕迹插入的成语典故和幽默笑谈，即使说话者调整了谈话的节奏，也能使听者解除疲劳，从而得到美的享受。

在人际交往中，那些缺乏幽默感的人，会把事情弄得越来越糟；而幽默的人则能使交际变得更顺利、自然。幽默是乐观、健康品质的一种体现。一个幽默的人，往往会在悲苦时显得轻松，在欢乐时显得含蓄，在危险时显得镇静，在讽刺时不失礼，在孤独时不绝望。

不仅如此，幽默还可以被当作一种避免得罪人的"火力侦察"。当准备向自己的友人提出某项要求又拿不准对方态度时，可用幽默之语"放气球"，若对方由于某种原因不能或不愿满足你的要求，可以用开玩笑的方式加以推脱，这样就不至于因为拒绝而陷入尴尬境地，双方的自尊心也都不会受到伤害；若以幽默含蓄的方式提出的要求被对方应允了，则可以继而转入进一步的讨论，落实此事就不在话下了。

在大学寝室，新生初到，争排座次。老七心直口快，与老八争执了半天，见比自己稍小几岁的老八终于叨陪末座，便说道："好啦，你排在最末。是咱们寝室的宝贝疙瘩。你又姓王，以后就叫你'疙瘩王'啦！"

说者无心，听者有意。原来老八长了满脸的疙瘩，俗称"青春痘"，每每深以为恨，此时焉能不恼？老七见又惹出了风波，心中懊悔不已，表面上却不急不恼，揽镜自顾道："蜷在两腮分，依在耳翼间，迷人全在一点点。唉，老八，我这真是'一波未平，一波又起'呀！"

老八听了，不禁哑然失笑。原来，老七也长了一脸的雀斑。

老舍先生说过："幽默者的心是成熟的。"幽默的语言能使矛盾双方摆脱困境，打破僵局，并使他们之间的误会在笑语中消逝。

爱尔兰戏剧家萧伯纳堪称"幽默大师"。有一天，年迈的萧伯纳在街头被一辆自行车撞倒，虽然没发生可怕的事故，但毕竟这一惊吓非同小可。骑车者立即扶起萧伯纳，并连连大声地向他道歉。

萧伯纳打断了他的话，说道："不，先生，您比我更不幸。要是您再加点劲，那就可以成为撞死萧伯纳的好汉而名垂史册啦！"

萧伯纳这几句戏语使本来紧张的气氛倏地消失于嬉笑之中。

有的幽默能启发人，在忍俊不禁的大笑中进行思索，体会到其中蕴含的哲理；有的幽默又能让人们在嬉笑之后自省。

有一次，生物学家格瓦列夫在讲课。突然，一个学生在下面学起了鸡叫，课堂里顿时响起一片哄笑。

这时，格瓦列夫却镇定自若地看了看自己的挂表，不紧不慢地说："我这只表误事了，没想到现在已是凌晨。不过，请同学们相信我的话，公鸡报晓是低等动物的一种本能。"

这种"张冠李戴"式的幽默批评，起到了告诫学生们要遵守课堂纪律的作用。

此外，幽默还有稳定情绪、减缓愤怒、化险为夷的功能。一个团队中，如果在即将爆发冲突时，有人能插科打诨，运用几句妙趣横生的言辞，则很可能化干戈为玉帛，使剑拔弩张变为过眼烟云，从而避免一场"针尖对麦芒"的交锋。

幽默能委婉地表达自己的观点

幽默具有无穷的力量，有时甚至会超过伶牙俐齿。幽默可用来释放你自己，使你的精神超脱于尘世的种种烦恼。幽默可以增加你的活力，使你的生活多一点情趣。幽默能使你令人难忘，同时给人以友爱与宽容。除此以外，幽默还能润滑现实，超越用其他方法无法逾越的限制，委婉地表达自己的观点。

公共汽车上，一位老太太不停地打扰司机，汽车每前行一段距离，她就会提醒司机她要在哪儿下车。司机一直很有耐心地听着，直到她后来大叫起来："但是，我怎么知道我要下车的地方到了没有？"

司机说："只要看到我脸上有了笑容，你就知道你要下车的地方到了。"

由于他人的妨碍，无法把工作做好，同时对此人又不允许直言冒犯，故而采用委婉幽默的方式来达到目的。公共汽车司机运用幽默的力量阻止了乘客对他的不停打扰。

一天，索罗斯敲开邻居家的门，说："请把您的收录机借我用一个晚上好吗？"

"怎么，你也喜欢晚间特别节目吗？"

"不，我只想夜里能够安安静静地睡上一觉。"

如果你在处理这些棘手问题时，不敢勇敢地表达自己的看法，而是用一般的方式希望对方主动妥协，往往很难奏效。

林肯对麦克伦将军没能很好地掌握军机深感不满，于是他写了一封信：

"亲爱的麦克伦：

如果你不想用陆军的话，我想暂时借用一会儿。"

如果一些人不能把分内工作做好，又对他人期望值太高、要求太多时，你也应该肯定地表达自己的看法，表达方式当然是曲折、委婉一点好。

有幽默感并且在事业中功成名就的人，会经常接受到来自他人的幽默，同时也常常以幽默的力量回报对方。因此，这些人能够在交际中降低与普通人沟通的成本，其成功的宝座就会越坐越稳。

查理在一家公司工作，他常常在工作时间去理发。

一天，查理正在理发，碰巧遇到了上司。他想躲开，可上司就坐在他的邻座，而且已经认出了他。

"好哇，查理，你竟然在工作时间来理发，这是违反公司规定的。"

"是的，先生，我是在理发。"他镇定自若地承认道，"可是您知道，我的头发是在工作时间长的呀！"

上司一听，勃然大怒："难道都是在工作时间长的吗？"

"是的，先生，您说得完全正确。"查理答道，"可我并没有把头发全部剃掉啊！"

不论言语的内容正确与否，单就这充满幽默力量的对答就体现出员工的机智。他相信，与自己的上司开个玩笑是在当时的情况下处理尴尬局面的最好方式。

与你的下属一起快乐，并不是以你自己为中心，而是以关心他人的方式来邀请他和你一起笑，进而引发足以激励他人的幽默力量。

　　经理让新聘的女秘书笔录一封信给旅行中的太太。当她把信写好给他看时，他发现漏了最后一句"我爱你"。

　　经理："你忘了我最后一句话。"

　　女秘书："不！我没有忘记，我还以为你那句话是对我说的呢！"

　　正如每一位下属把自己的将来交给自己的上司一样，每一位经理和居于领导地位的人，也都把他的将来交到了下属的手中。当你运用幽默的力量去帮助别人更有成就时，你会发现不仅更容易将责任托付给他人，而且能更自由地发展有创意的进取精神。幽默的力量能改善你的将来，因为你的下属、同事会认可你，感谢你坦诚开放的态度，和你一起笑，对任何事情都持乐观态度，以轻松的心态面对自己的工作。

　　职员："老板！"

　　老板："什么事！"

　　职员："我老婆要我来要求您提拔我。"

　　老板："好吧！我今晚回家问问我老婆是否同意提拔你。"

　　这是以其人之道还治其人之身。幽默的背后蕴含着鞭策，通过对自己的取笑来达到激励对方积极向上的目的。

　　幽默的力量是属于你自己的，是与你在人生中所扮演的角色所拥有的。这种力量能使人解脱，它能使我们自由自在地表现自己，表达我们的想法，并表露我们的感受，而自由地表现不平凡的作为，创造有意义的人生。

第四章　幽默口才，拉近人与人之间的距离

利用幽默巧妙地掩饰过失

在生活中，谁都会犯错误，这时如果运用幽默，有可能使自己的过失得到适当的淡化，使自己走出尴尬境地。

有一个人在路上骑自行车，不小心骑到了道路的左边，正巧和迎面驶来（骑自行车）的一位男青年撞在了一起。

估计那位男青年被撞痛了，他火气很大，张嘴就嚷道："你学过交通规则吗？骑车为什么不靠右边走？"面对男青年的盛怒，这个人却不慌不忙地笑着说："要是所有人都靠右行，那么左边的路不就空着了！"

这句地地道道的"幽默狡辩"把自己的过失冲淡了，也把男青年逗笑了，让他的满腔怒火随着笑声消散了。

后来，这个人又微笑着向男青年道了歉，男青年愉快地接受了。客客气气地道别之后，两个人各自回家了。

一场可能发生的冲突，就这样被一句幽默化解了。

一位妻子怒气冲冲地给自己的丈夫打电话，着急地喊："都几点钟了，你怎么还没有去车站接我妈？"

丈夫这才想起接人的事情。灵机一动后，他对妻子说："我不敢去呀！"

妻子问："为什么？"

丈夫慢条斯理地说："你上个月规定的除你之外我不准接触任何女人的禁令还有效吗？"

妻子听了哭笑不得，一腔怒火也化作一句嗔怒。

在接到妻子的电话时，丈夫才想起自己忘记去车站接人，面对妻子的咄咄逼问，明知是自己的过失，但又不甘于被狂轰滥炸。于是，灵机一动，想起拿妻子"不准接触任何女人"的禁令说事，从侧面找到了一个全身而退的借口，还间接地表达了对妻子的忠贞，可以说是歪打正着。

如果丈夫不懂得运用幽默化解尴尬的窍门，对妻子的数落直接给予反驳，很可能会引起夫妻之间的一场口角，那样岂不是两败俱伤？

有一次偶然的机会，马克·吐温与雄辩家琼西·M 得彪同时应邀参加演讲。演讲开始了，马克·吐温妙语连珠、情感丰富地讲了 20 分钟，赢得了全场观众的热烈掌声。

轮到得彪上台演讲时，他突然发现自己的演讲稿不见了，要是硬着头皮凭记忆讲下去，不但会远远输给马克·吐温，而且会使自己在公众心目中的形象大打折扣。

稍微思考之后，得彪站起来走到台上，环顾了满怀期待的台下听众后，面有难色地说："诸位，实在抱歉，会前马克·吐温先生与我互换了演讲稿，所以诸位刚才听到的是我的演讲，衷心感谢诸位的认真倾听和热情捧场！然而，不知何故，我找不到马克·吐温先生的讲稿了，因此我无法替他演讲了。请诸位见谅！"

场下的观众先是一愣，随即爆发出一阵热烈的掌声。

马克·吐温精彩的演讲使琼西·M 得彪处于心有余而力不足的位置上，这种情形下得彪的演讲只能超越而不能逊色或者与马克·吐温打平手。聪明的得彪避开正面锋芒，利用幽默的"谎言"巧妙地掩饰了自己的过失，甚至在某种程度上超出了马克·吐温。

用幽默缓和气氛

在与人沟通的时候，我们经常需要用幽默缓和气氛，而咄咄逼人地攻击别人，怒发冲冠地辱骂别人，都是幽默的大忌。一旦这样做，幽默就会离我们远去。幽默是制造笑声的，有幽默的地方，就会有笑声。

当然，幽默绝不排斥批评与揭露，幽默地与人为善恰恰体现在批评与揭露之中。只不过幽默的批评与揭露是含蓄的，其中有更多的内在情趣，因此它与直截了当的批评和一针见血的揭露是有明显区别的。

某城市风景优美，游客众多，在公路的入口处，矗立着这样的标语：

"欢迎各位游客和司机朋友光临本市，车速不超过40公里，您可以饱览本市的优美景色；车速超过70公里，法庭欢迎您前来做客；车速超过90公里，本市设施完备的急救医院随时恭候您的光临；车速超过120公里，上帝就会接见您，阿门！"

这则标语的意思十分明显，就是"禁止超速行驶"，但它并没有生硬地把这样的意思写出来。就像我们在马路边常见的那些标语一样，它有意列举了超速行驶可能产生的几种后果，风趣幽默，淡化了批评的意味，钝化了攻击的力度。与此同时，它也增加了情趣，就像一个好朋友在与我们娓娓谈心一样，说得那么动听，让人易于接受。

幽默是化解攻击的"乾坤大挪移"，它能钝化攻击的锋芒，营造和谐的气氛，缓和紧张的关系，给自己的人际交往带来莫大的好处。幽默是需要有高度的涵养、博大的胸襟和机敏的思维的，这样才能把剑拔弩张的气氛消弭于无形，从而转化成幽默的笑声。

1. 把直接的冒犯改为间接

若对方有了不满，不管三七二十一地表达出来，痛快是痛快了，却很可能伤害对方的自尊，使对方不能接受，严重的还会造成对方和自己的对立。

丈夫："亲爱的，你知道为什么你不长胡子吗？"

妻子："那是因为我是女人呀！"

丈夫："不对。"

妻子："那原因是什么？"

丈夫："那是你整天喋喋不休地唠叨使下颌锻炼过度的缘故。"

在这段对话中，丈夫显然是在批评妻子多嘴多舌，但批评的力度不是很强烈，原因就是他把直接冒犯改成了间接的，从而转移了攻击的锋芒，使妻子听得更顺耳一些，幽默的情趣也得以有效地发挥了。

再来看看下面这段对话，这是在家庭生活中常常遇到的，比较一下它与上面的对话的不同之处，你就会深有感触。

丈夫："你整天喋喋不休，好像世界上的事没有你不知道的。"

妻子："真的吗？"

丈夫："是的，只有一件事你自己不知道，而我恰恰知道。"

妻子："什么事？"

丈夫："你对自己一无所知。"

可想而知，妻子听了这番话心里该是多么愤怒和伤心，也许夫妻之间就会因此爆发一场"大战"。

本意是要批评和揭露，却故意绕个弯，迂回、间接地表达出自己的意思，是欲擒故纵的幽默策略，在可能造成对抗的严峻形势面前的机智表现。我们只有学会这种策略，才能更有效地控制各种局面，使生活始终向着快乐的方向前进。

2. 夸张到荒诞的程度

化解攻击的另一种有效办法是夸张。不管对方的言行多么荒谬，都用不着针锋相对地争辩，只要把他的言行进行无限度的夸张，使其中的荒谬色彩浓厚到连他自己也无法争辩的地步，他的言行就会不攻自破，他就会认识到自己的错误和荒谬，对抗的局面就不会出现了。

有一个贵族想邀请一位著名的小提琴手到他家去演出，但他又不想出钱，于是给这位小提琴手写了一封邀请函："亲爱的小提琴手，请明天中午 10 点钟，一定到我家来喝咖啡，请你千万不要忘了带上你那把心爱的小提琴。"

小提琴手看完邀请函后，立即回函道："谢谢你的邀请，我一定去喝咖啡，但是我的小提琴就不去了，因为它从来不喝咖啡。"

本是拒绝对方的邀请，但顾忌对方颜面，不直接说明，故意用荒诞的言语——"小提琴不喝咖啡"来表明态度，机智幽默地展现了小提琴手的高雅情怀。

妻子指责丈夫说："什么事你都自己做主，眼里还有没有我这个妻子？"

丈夫说："我的眼睛那么小，怎么放得下你整个人？"

面对妻子的指责，丈夫没有针锋相对地进行争辩，而是把妻子的话进行了引申和夸张，使"眼小"和"整个人"形成了强烈的对比，幽默感很强，有效地缓解了当时的紧张气氛，使妻子转怒为喜。

在生活中我们所面对的矛盾都不是你死我活的，完全没有必要采取"以牙还牙，以血还血"的极端方式。使用转移攻击的方式来削弱针锋相对的愤怒，使幽默的情趣更浓地扩散开来，那么所有不愉快都会烟消云散，高质量的生活就会时刻拥抱着我们。

3. 答非所问，向另一个方向引申

有时候，答非所问能有效地改变当时的气氛，使人际关系变得更加和谐。

转移攻击的锋芒，是我们面临严峻处境时的最佳选择。这样一来，幽默的情趣出现了，欢乐的气氛就会来到我们身边。

巧言妙语可以消除危机

语言是千变万化的。同样一句话，用不同的语气就能说出不同的意思。同样的意思，因为表述的不同也会产生截然不同的效果。因此，我们在遇到麻烦时，要学会用巧妙幽默的语言将危难中的事、尴尬的事化解为会心一笑。

莎士比亚曾经说过："幽默和风趣是智慧的闪光。"他说得很对，幽默的确是人类智慧的结晶，是一种机智巧妙的语言艺术。幽默中往往蕴藏着深刻的意义，能给人们有益的启迪。遭遇尴尬时，可用巧妙的语言机智地摆脱对自己不利的局面。

一次，一位司机开车拉着领导到路途遥远的另一座城市去。走了一段路之后，司机准备下车方便。当时恰好是冬天，很冷。领导看了看外面的天气，又看了看离停车位置并不近的卫生间，他不想出去了。

司机拔下车钥匙后，一个人去了卫生间。汽车拔下车钥匙

后，空调就关闭了，不巧的是司机坏肚子了，他进到厕所里就不出来了。领导坐在车里很冷，因此非常不高兴。等司机回来，领导就对司机发脾气道："你下车拔车钥匙干什么？"

司机有苦难言。原来这车的自动锁出了故障，关上门后几秒钟就落锁，司机的车钥匙被锁在车里好几次了。但看见领导冻成那个样子，他想如果现在解释车有毛病，肯定会让领导认为自己是在找借口。

小伙子冲着领导笑了笑，说："自从本·拉登袭击美国后，我们干什么事都得防着点啦！"

领导坐在后面苦笑着摇了摇头，但看得出，先前的不快在他那里已经烟消云散了。

显而易见，假如那位司机实事求是地向领导说这车有什么故障，很容易让领导觉得他是在找借口。即便领导没有说什么，他对这位司机的印象也会有所改变。

假如那位司机费了很多口舌说了这车有什么故障，然后再手忙脚乱地向领导演示这车的毛病。然而，却非常可能出现这样一种情形，那就是平时经常出现的毛病，这时却奇迹般地好了。果真如此，那这司机就是跳进黄河也洗不清了。你能想象你在实际工作中碰见这种情形的后果吗？

有时候，可能你遇到的情形比这种尴尬还要危急，因为有些情形不仅是尴尬的问题，如果处理不好，还会关系到自己一生的命运。

在很久以前，有一位皇帝突发奇想，要考考他的大臣是不是机智聪慧。于是，他就在朝堂上问众大臣："有谁知道，皇宫前面的水池里的水一共有几杯呀？"

有个机智的大臣思考了一会儿，回答说："假如杯子跟水池一样大，就是一杯；假如杯子只有水池的一半大，那就是两杯；假如杯子只有水池的三分之一大，那就是三杯；假如杯子只有水池的四分之一大，就是四杯。"

听完这位大臣的话，皇帝满意地点头称赞，并奖赏了他。

皇帝突然心血来潮，要人说出皇宫前面的水池有几杯水，这确实是一个刁钻的难题。面对这一难题，机智的大臣并没有直接作答，而是先说杯子，他先假定杯子的大小，然后给出巧妙而又无懈可击的回答，实在令人佩服。

生活中免不了会有论辩，如果在论辩中巧用幽默，就可以在戏谑、诙谐、风趣、愉悦之中取得胜利，并且使对方心悦诚服地甘拜下风。

美国有一家百货商店，门口有一块广告牌，上面写着："无货不备。如有缺货，愿罚 10 万美元。"

有一个人很想得到这笔钱，便去见百货商店经理。他开口就说："潜水艇！在什么地方？"经理带他来到第二十二层楼，里面当真有一艘潜水艇。他又说："我还要看飞行船。"经理又带他到了第九层楼。他一看，里面确实有一个飞行船。这个人还是不肯罢休，问道："可有肚脐眼长在脚下面的人？"

他以为这一问，商店经理必然会被难住。谁知经理平静地对旁边的店员说："你来一个倒立给这位客人看看！"

百货商店经理也知道这位客人是在故意胡搅蛮缠，但他灵机一动，想出了这样一句巧妙而幽默的话，立即就将对方的气焰压了下去。

在某些特定场合，恰当地使用幽默答辩术营造轻松愉快的氛围，能使对方在忍俊不禁之中消除对抗情绪，进而取得论辩的胜利。

古时候，有一位姓邢的进士，他生得身材矮小。

一日，他在路上遇到了强盗。强盗已经抢了他的钱财，还准备杀了他。就在强盗举起刀之时，邢进士以风趣的口吻对强盗说："人们已经叫我邢矮子了，若是砍掉我的头，那不是更矮了吗？"

强盗被邢进士的机智逗笑了，放下刀，饶了他一命。

遇到凶恶的强盗，而且又处在寡不敌众的形势下，如果硬与对方锋芒毕露地进行争辩，只会使形势恶化，加速自己的死亡；而邢进士巧用一句幽默的话语，令凶残的强盗哑然失笑，放下了屠刀！可见，幽默的确是危难之人的福星。

故作糊涂表现出的幽默

莎士比亚在其著作《第十二夜》中，让主人公薇奥拉说出了这样一句话："因为他很聪明，才能装出糊涂人来。彻底成为糊涂人，要有足够的智慧。"而智慧有时就隐藏在假装糊涂的幽默中。

在一些特殊场合，我们常常会碰到一些意想不到的事情，处理不好着实使人尴尬万分。遇到这类情况时，要想化解难堪，不妨假装糊涂，幽默应变。下面是俄国诗人普希金的一个"糊涂"故事：

普希金年轻时经常参加贵族们在家里举办的沙龙。不过，那时候的他还不是很有名气。

有一次，在彼得堡一个公爵家里举办的舞会上，他邀请一位年轻漂亮的贵族小姐跳舞。

这位小姐十分傲慢地说："我不喜欢两个人一起跳舞。"

普希金微笑着说："对不起，亲爱的小姐，我不知道你怀着孩子。"说完，很有礼貌地鞠了一躬。

普希金用假装糊涂的办法巧妙地回击了贵族小姐，使自己体面地下了台。类似这种突发情况下的假装糊涂，其实是高超机智的一种应变手段。我们再看看下面的这位女导演是如何运用假装糊涂这一手段的。

一次，结束了一天的拍摄工作后，演员们都去浴室洗澡了。这时有人给女主角打来了紧急电话，女导演慌忙去叫她。

片场一共有三间浴室是给明星专用的，一进门是更衣室，里面才是浴室，如果人在里面洗澡，外面叫是听不到的。

女导演不知道女主角在哪间浴室，情急之下推开了第一间浴室的门，哪知道却看到男主角光着身子对着门站在喷头下冲洗。

男主角的动作停顿了一下，女导演急忙转身，并赶紧把门关上了。

"哦，对不起，李萍小姐！"

导演立即喊出了另一位女明星的名字，室内的男主角也跟着笑了起来。

这位女导演故意以假装看错了人的糊涂做法，既让男主角不感到难堪，更使自己摆脱了尴尬。

缺乏幽默感很多时候是因为我们已经习惯于直截了当地就事论事。而实际上，如果在出现问题时直接向他人道歉或对他人进行反驳，只会使自己更加难堪，适当地装糊涂，幽默一下，反而能够巧妙地解决问题。假装糊涂的妙处在于对真、假、虚、实的灵活运用，有时候尽管自己很清醒，还是装糊涂来迷惑对方，就能巧妙地试探出对方的真正意图。

两个陌生人在别人的介绍下见面。

小姐问先生："你有奔驰吗？"

先生摇摇头："没有。"

"你有洋房吗？"

"没有。"

小姐讪笑道："那么，看来我们也没有缘分！"

先生无可奈何地站起身，自言自语道："难道非要我把宝马换成奔驰，把200平方米的别墅换成洋房吗？"

这位先生的糊涂装得真是有水平，听完他的"自言自语"，那位小姐一定会后悔自己有眼无珠，同时也会为自己的嫌贫爱富感到无比羞愧。

故作糊涂所表现出的幽默是智能的产物，因为它往往对一些人所共知的或简单易懂的现象做出荒诞的解释或发挥。将人引向一个不易想到的荒唐的思路上。

你不妨在适当的时候给你的朋友来点糊涂的幽默，例如，你的朋友脸红，你可以建议他少吃点苹果；你的朋友脸黑，你就建议他少吃点窝头。你越是把不可能的事凑到一块儿，就越能显出你的糊涂、你的可笑、你的幽默和你的智慧。

幽默能拉近人与人之间的距离

我们在生活中，总是不断地、交替地扮演着主人和客人的角色，因此我们有可能要去应付一些不合理的要求、令人不快的行为或者闹得不像话的场面。

有时候为了化解困境，没有其他合适的方式，只能依靠幽默的力量。

每一个有经验的领导者都知道，要使下属能够和自己齐心合作，就有必要为自己塑造出具有亲和力的、人性化的形象。

有一位年轻人新近当上了董事长。上任第一天，他召集公司职员开会。他自我介绍说："我是杰利，是你们的董事长。"然后打趣道："我生来就是个领导人物，因为我是公司前董事长的儿子。"

参加会议的人都笑了，他自己也笑了起来。他以幽默证明了他能以公正的态度来看待自己的地位，并对之具有充满人情味的理解。实际上，他委婉地表示了：正因为如此，我更要跟你们一起好好干，让你们改变对我的看法。

有时，我们确实需要以有趣并有效的方式来表达人情味，给人们提供某种关怀、情感和温暖。

有一位大法官，他住所的隔壁有个音乐迷，常常把留声机的音量开到使人难以忍受的程度。

有一天，这位法官无法休息，便拿着一把斧子来到邻居门口，说："我来修修你的留声机。"

音乐迷吓了一跳，急忙表示抱歉。

法官说："该抱歉的是我，你可别到法庭去告我，瞧，我把凶器都带来了。"

说完两人像朋友一样一起笑了。

这位法官并不是真的想把邻居的留声机砸坏。他只是恰当地表达了自己对邻居的不满——请注意：是对音响而不是对人——他的行为似乎是对音乐迷说："我们是朋友，我希望和你好好相处，至于留声机是留声机，可以修理一下。"当然，所谓"修

理”只是把留声机的声音调低些罢了。

如果你对自己幽默的能力没有足够的自信，不妨学学孩子式的幽默。即使在 50 岁以后，我们也经常为孩子们由天真而产生的幽默所感动。他们是真正地坦诚待人，不会隐瞒任何事实。当他们毫不掩饰地道出心里想的或事实真相时，人们一下子就会喜欢上他们。跟他们在一起会感到比跟任何人在一起都无法感到的轻松、愉快。

有一次，李卡克在家里请几位朋友吃饭。朋友来了，他妻子要他的小女儿对客人说几句欢迎的话。她不愿意，说："我不知道要说些什么话。"

这时一位来做客的朋友建议："你听到妈妈说什么，你就说什么好了。"

女儿点点头，说："老天！我为什么要花钱请客？我们的钱都流到哪儿去了？"

李卡克的朋友们大笑起来，连他妻子也不好意思地笑了。

这就是孩子式的幽默。小女儿把母亲的想法以纯真的方式说了出来，使大人们也不得不认真地检讨一下自己的行为，同时也减轻了大人们在金钱方面的忧虑。我们可以从中得到一点启示：孩子式的幽默能使我们显得格外真诚。

为了取得理想的效果，幽默时要特别注意以下两点：

一是幽默必须真实而自然。

二是敢笑自己的人才有权利开别人的玩笑。

笑自己的观念、遭遇、缺点乃至失误，有时候还要笑笑自己的狼狈处境。

幽默能化解社交中的难堪

在社交场合，自己的不慎有时会使我们处于比较难堪的境地；或者我们遇到了没有教养的人、不怀好意的人、对我们有敌意的人，致使我们陷入比较难堪的困境。在这种情况下，如果我们抽身而退，固然可以逃离困境，但当了逃兵，总是不光彩的，也会给自己日后的社会交往带来消极的影响。

号称"无冕之王"的记者是非常擅长给名人们制造麻烦的，有许多名人都曾面对过记者的刁钻提问，也常有无法下台的烦恼。有些人会应对不慎，使自己的形象大受影响；但那些充满智慧和才学的名人们却八仙过海，各显神通，给我们留下了不少风趣的故事，给了我们许多启示。

相声大师侯宝林到美国访问时，美国记者自然不会放过他，提出了一个很刁钻的问题："里根是演员，当了美国总统；你也是演员，你在中国也可以像里根这样吗？"

这个问题可不好回答，既不能答"可以"，也不能答"不可以"，只见侯宝林稍一思索，回答道："我和里根不一样，他是二流演员。"

侯宝林的回答妙不可言，既回避了做简单的"是"与"否"的回答，又充分肯定了自己的演艺才能，含而不露，无懈可击。

有经验的人告诉我们，被人刁难时，只有自己才能救自己。可以用自己的智慧来展示自己的幽默，三言两语把自己从困境中解脱出来，维护自己的尊严，给对方以有力的回击，从而也把自己的人格魅力充分展现了出来。

林肯的长相让人不敢恭维。有一次，在一个公开场合，有人对林肯说："你长成这个样子，还出来干什么？不如躲在家里别出来。"

　　这番话自然很不礼貌，但林肯只是淡淡一笑，回答道："很抱歉，我这是身不由己。"

　　"身不由己"是就他的长相来说的，天生如此，他也没有办法。大家听了，都笑了起来，难堪的局面就过去了。

　　生活中，类似这样的难堪局面总是突如其来，让人无法提前加以防范，但幽默感强的人往往都能轻松过关，给我们留下了许多逸闻，使我们津津乐道。

　　有一天，一个社会地位显赫、狂妄自大的太太向萧伯纳发出了请帖，想邀请萧伯纳到家里做客。

　　请帖是这样写的："星期四下午四点到六点，我将在家。"

　　萧伯纳对她一向敬而远之，绝对不会前去拜访她，于是他在请帖底下添上了简短的一行字："我也一样。萧伯纳。"然后就派人将请帖给那位太太送了回去。

　　不直接拒绝对方的邀请，而是声明自己也将像对方一样待在家里恭候，拒绝赴约的意思已经一目了然了。这样的幽默同样显示了萧伯纳在人际交往中的智慧。

　　在各种不同的社交场合，要想迅速摆脱自己所处的不利处境，活跃气氛，赢得尊重，都离不开幽默的独特作用。由于人际交往中突如其来的事情比较多，会发生许多意料之外的事情，因此要想在人际交往中游刃有余，就必须拥有过人的智慧和极其敏锐的反应能力。

　　俗话说："要在游泳中学会游泳。"我们也只有在人际交往中才能学会社交，在幽默中才能学会幽默。

　　大胆去实践吧，不经过实践的检验，我们就无法把自己的幽默运用得更纯熟，就无法通过人际交往为自己拓宽生活的道路。

第五章

善于倾听，会说不如
会「听」

俗话说：只有很好地倾听，才能更好地表达。如果说沟通是听与说的艺术，那它首先是倾听的艺术。成功人士，大多善于倾听他人的想法，以此促进沟通，获取信息，吸取经验。既然做人做事都离不开倾听，那我们就有必要掌握倾听的艺术。

倾听胜于言谈

在生活中，有时倾听对方比倾吐自己更重要。善于倾听别人的发言，既反映出一个人的礼仪修养，也是一种高超的交际艺术。在社交场合，一个聚精会神的听众往往比一个慷慨激昂的演说家更受欢迎，他会使说话者感觉自己很重要。善于倾听别人的发言是对他人的尊重，有时还有助于问题的解决。在我们周围，有的人看似不喜欢说话，其实他们不是不喜欢，而是想找一个善于倾听他们说话的人，有了这样的人，他们的话就会滔滔不绝。

父亲是位知识分子，为人古板，不喜与人交往，每次儿子来了客人，父亲就独自躲到书房，很少与人打招呼。

一次，儿子的三个高中同学来到家里。大家一见分外亲热，其中有两位喜欢下棋，闲谈中都是些术语、行话，而另外一位对"黑白世界"一无所知，无聊中去了父亲的书房。外边这三位在棋局上杀得天昏地暗，没去管他。等玩够后，外面的三位才从书房中把那个同学叫出来。令儿子吃惊的是：老父亲居然送出房门口，还问儿子为什么不留他们吃饭，那位同学临行前，父亲还一再叮嘱：以后有空来玩。在儿子的记忆中这是父亲第一次留他的同学吃饭，而且以后还经常问及那位同学为什么不来玩。

儿子在惊叹之余，问及同学怎样赢得父亲的欣赏。结果那同学说："没什么呀！你们下棋我不懂，就去到你父亲书房，见你父亲在看一本水利方面的书，就问你父亲是不是搞水利的，然后就好奇地问长江大桥的桥墩怎么做的，你父亲就开始给我讲解，如何先将一个大铁筒插进去，将里面的水抽干，挖出稀泥，打地基，直到做好干透，再将铁筒抽掉，你父亲在说，而我只是认真听，也没说什么。"

其实说话不在多少，有时口若悬河、侃侃而谈的人只会引起别人的反感。真正会说话者，首先是一个好的听众，故事中的同学能赢得父亲的欣赏，原因即在此。好的听众表现出的是对他人的尊敬，也是对他人暗示性的赞美。学会倾听别人说话，也是与人友好相处的一个重要途径。富有魅力的人大多是善于倾听他人言谈的人。真正善听人言者比起善言者更能感动对方，更能唤起对方的亲近感。

平日我们也常听到有人抱怨，或者我们自己也一直在抱怨："为什么表达自己是那样难。我总是那么笨嘴笨舌的，不善言谈，所以无法很好地与别人相处，人际关系总处理不好。"

不善言谈的人，往往是不善倾听他人言谈的人。因为他们在交往中过于在意自己的行为，总是不断地惦念着：一定不能让对方笑话自己，要把话说得漂亮些，否则就得不到对方的认同。另外，他们也为自己说话达不到那种理想程度而感到十分苦闷。这样，当然也就不会聚精会神地倾听对方说话了，免不了忽视对方，很难真正听别人讲话，而只是随便地点头附和，心不在焉地听听而已，有时甚至不等对方把一段话说完就迫不及待地自己说了起来。这是一种只要求对方听自己说话的单方面的交谈方式。

我们这个时代，是一个自我张扬的时代，即人人都想张扬自我。假如人人都要张扬自我，自然就没有人会认真地倾听别人的言谈了。

实际上，大多数人只知一味地张扬自我，而真心诚意地倾听对方陈述的人已很少见了。

方小姐在某保险公司从事外勤工作已有 20 年了，是个经验非常丰富的行家。就是在公司众多外勤人员中，她的成绩也一直

是出类拔萃的。她在让客户买保险时不采用劝说的方法，这正是与其他外勤人员的不同之处。后者通常的做法是在客户面前摆上好几本小册子，然后向他们说明到期时间和应收金额，并口若悬河地以一种非常熟练的语调反复地讲述客户在投保后将能得到多大的好处。

而方小姐却与此相反，这样的话一句也不说。她总是从对方感兴趣的话题说起，稍许谈谈自己在这方面的无知和失败的体会。对劝说投保一事素存戒心的对方因为她谈的是自己喜欢的话题，这样便在无意中跟着她谈了起来。之后她总是听着，并为对方的讲述而感到钦佩和惊叹。对方却不知不觉地倾吐了内心的烦恼，谈了自己对将来的理想和希望。方小姐依然还是专心地听着。直到最后，自己才主动地说出投保的想法："这么说，还需要适当地投保啊！"

方小姐是一个善听人言的高手。不过，在此可以断言的是：她并不是因为生意上的缘故而装出一副倾听对方言谈的样子。与此相反，方小姐在这段时间里甚至忘记了工作，诚心诚意地极其认真地听对方讲话。也正因为如此，对方才会对她敞开心扉，吐露真情。即使在旁人看来，他们之间的对话像是单方面的，但实际上，这二人进行着心灵上的交流和沟通。

言多必有失

随便说话的害处是非常多的。比如某君有不可告人的隐私，你说话时偏偏在无意中说到他的隐私，说者无心，听者有意，他会认为你是有意跟他过不去，从此对你恨之入骨；他做的事，别有用心，极力掩饰不使人知，如果被你知道了，必然对你非常不利。

如果你与对方非常熟悉，绝对不能向他表明，你绝不泄密，那将会自找麻烦。唯一可行的办法，只有假装不知，若无其事；他有阴谋诡计，你却参与其事，代为决策，帮他执行，从乐观的方面来说，你是他的心腹，从悲观的方面来说，你是他的心腹之患。

你有得意的事，就该与得意的人谈；你有失意的事，应该和失意的人谈。说话时一定要掌握好时机和火候。不然的话，一定会碰一鼻子灰，不但目的达不到，而遭冷遇、受申斥也是意料中的事。有些奸佞小人，巧妙地利用了别人在说话时机、场合上的失误，拿他人当枪使，以达到损人利己的目的。

有句老话叫作"祸从口出"，为人处世一定要把好口风，什么话能说，什么话不能说，什么话可信，什么话不可信，都要在脑子里多绕几个弯子，心里有个小九九。害人之心不可有，防人之心不可无。一旦中了小人的圈套为其利用，后悔就来不及了！

每个人都有自己的秘密，都有一些压在心里不愿为人知的事情。同事之间，哪怕感情不错，也不要随便把你的事情，你的秘密告诉对方，这是一个不容忽视的问题。

你的秘密可能是私事，也可能与公司的事有关，如果你无意之中说给了同事，很快，这些秘密就不再是秘密了。它会成为公司上下人人皆知的故事。这样，对你极为不利，至少会让同事多多少少对你产生一点"疑问"，而对你的形象造成伤害。

还有，你的秘密，一旦告诉的是一个别有用心的人，他虽然不可能在公司进行传播，但在关键时刻，他会拿出你的秘密作为武器回击你，使你在竞争中失败。因为一般来说，个人的秘密大

多是一些不太体面、不太光彩甚至是有很大污点的事情。这个把柄若让人抓住，你的竞争力就会大大地削弱。

窦华是某唱片公司的业务员，他因工作认真、勤于思考，业绩良好，被公司确定为中层后备干部候选人。只因他无意间透露了一个属于自己的秘密而被竞争对手击败，最终没被重用。

窦华和同事李为私交甚好，常在一起喝酒聊天。一个周末，他备了一些酒菜约了李为在宿舍里共饮。俩人酒越喝越多，话越说越多。微醉的窦华向李为说了一件他对任何人也没有说过的事。

"我高中毕业后没考上大学，有一段时间没事干，心情特别不好。有一次和几个哥们儿喝了些酒，回家时看见路边停着一辆摩托车，一见四周无人，一个朋友撬开锁，由我把车给开走了。后来，那朋友盗窃时被逮住，送到了派出所，供出了我。结果，我被判了刑。刑满后我四处找工作，处处没人要。没办法，经朋友介绍我才来到厦门。不管咋说，现在咱得珍惜，得给公司好好干。"

窦华来公司 3 年后，公司根据他的表现和业绩，把他和李为确定为业务部副经理候选人。总经理找他谈话时，他表示一定加倍努力，不辜负领导的厚望。

谁知道，没过两天，公司人事部突然宣布李为为业务部副经理，窦华被调出业务部另行安排工作。

事后，窦华才从人事部了解到，是李为从中捣的鬼。原来，在候选人名单确定后，李为便到总经理办公室，向总经理谈了窦华曾被判刑坐牢的事。不难想象，一个曾经犯过法的人，老板怎么会重用呢？尽管你现在表现得不错，可历史上那个污点是怎么也不会擦洗干净的。

知道真相后，窦华又气又恨又无奈，只得接受调遣，去了别的不怎么重要的部门上班。

既然秘密是自己的，无论如何也不能对同事讲。你不讲，保住属于自己的隐私，没有什么坏处；如果你讲给了别人，情况就不一样了，说不定什么时候别人会以此为把柄攻击你，使你有口难言。所以说，只有恰到好处地把握说话的分寸，才会在与人交往的过程中做到游刃有余，而且也不会给自己招来祸端。

多看多听少开口

对一个想在社会上有所作为的人来说，最重要的处世经验是：多看多听少开口。那么，多看，看什么呢？多听，听什么呢？假如你想在某个领域有所成就，就得把自己的精、气、神全部融入其中，弄清各种人和事的现存状态与变化规律，久而久之，你看待事物的眼光就变得跟局外人大不一样了，达到神知神觉的境界，这样你就有了一双慧眼，能随时发现有利于事业成长的机会。

比如，你想成为一位作家，那么，你看见每一个人、每一件事，都不妨构思一番，如何把他们写到作品里去。这样，你就有了绵绵不绝的灵感。与此同时，你的社交圈也围绕着文化人拓展，以了解文坛的最新动向，免得别人已经将作品写出来了，你还去花一年半载写一个过时的东西，这样可确保你的作品始终有新意。

假如你想做生意人，方法也是一样的，思考每个人 每件事跟自己的生意有什么关系，并以生意人作为主要交往对象。久而久之，你的智慧将是金光闪闪，你将发现赚钱的机会无处不在。

当然，一开始你很难看懂周围的人和事，也看不见有什么很好的机会。但是，没有关系，多看的目的是培养主动意识，使大脑进入激活状态，这样感觉会敏锐得多，对机会的嗅觉一定远胜常人，迟早成为人群中的领跑者。

听别人的经验之谈，老于世故的人说："一天学一个乖。"向谁学乖？当然要向那些过来人学乖。一个人的经历有限，即使时刻留意，见识也有限。如果有一双谦逊的耳朵，愿意听听别人的见解，那么，你就能将别人的见识变成自己的见识。

其实，不论他人地位高低，知识深浅，但他人的专业经验，总有一部分可供你去学习。向甲学一点，向乙学一点，把别人片段零星的经验、知识渐渐组织起来，连贯起来，就能形成一套独特的武功秘籍，并助你打下一片属于你自己的天地。古今智者，莫不以此成大器。所以孔子感慨地说："三人行，必有我师焉！"

为什么少开口呢？有两个理由：

第一个理由是，当你急于开口时，就没有心情去多看多听了。

第二个理由是，一个人说得越多，他的浅薄无知就暴露得越多，他就很难得到别人的信任和重视。一个说话随便的人，一定没有责任心。

俗话说："爱叫的麻雀不长肉。"在人群中，一个特别爱说话的人，最不可能受到重用，很难有什么出息。

特别爱说话的人为什么最不可能受重用呢？

1. 一个人特别爱说话，说明他自控能力不强，易冲动，经常因情绪伤害理智。试想，连自己的嘴巴都管不住，又能管好什么事？

2．一个人整天叽叽喳喳的，总得有内容。他的生活经历有限，不知道那么多趣闻逸事，也没工夫读书，不可能天天给你讲世界名著。说来说去，无非东家长西家短，拿别人的隐私、缺点当佐料，煲成一锅大杂烩。对这样的人，谁敢跟他交心交底呢？

3．无论是谁，若想被人冠上"可爱""可敬""可信""可亲"之类的字眼，一定要善于伪装，或者说"包装"——将缺点隐去，将优点凸显出来。漂亮时装能包装外部形象，真知灼见能包装内在思想。可是，一个爱说话的人，有什么说什么，时间久了必然将自己的优点、缺点全部暴露于人前，赤条条无遮无掩。除非他"天生丽质"，毫无瑕疵，否则很难被人欣赏。

4．一个特别爱说话的人，总是不假思索地对任何事发表见解，好的意见与错误的观点混杂，泥沙俱下，让人难取难舍，只好当废话听。久而久之，人们必然认为这个人没有见识，只会乱说一通：平时是没人重视他的，想散布流言蜚语时，才会借用一下他那张关不住的嘴巴。这种人很容易被不怀好意的人利用，社会上的小道消息，主要是靠他们传播开来的。

总之，话多不如话少，话少不如话好，多言不如多知，即使千言万语，也不及一件事实留下的印象深刻。多言是虚浮的象征，因为口头慷慨激昂的人，行动一定吝啬。凡有道德者，不可多言；有信义者，必不多言；有才谋者，不必多言；我们绝对要少说话，尤其是有经验丰富的陌生人在座时。因为如果说多了，便是同时透露了自己的弱点及愚蠢，并失去了一个获得智慧和经验的机会。

懂得倾听才是说话高手

真正有效的聆听，不仅仅是耳朵的简单使用，而是和嘴巴、脑袋有效地配合。尤其是嘴巴，因为许多人一直认为当别人说话时，闭起嘴巴才是讲礼貌的表现。

"聆听"的要旨是对某人所说的话"表示有兴趣"。如果发言者谈论的内容确实无聊且讲话速度又慢，我们可以转变自己的想法，所谓"三人行，必有我师"，设想聆听这场谈话或多或少都可使自己获益，那么在聆听别人谈话时就会自然流露出敬意，这才是有礼貌的表现。

某人被一家大公司聘用担任销售经理。但是，他对公司具体的品牌和业务却绝对是一窍不通。当销售人员到他那里去汇报工作并征求建议时，他什么答复都无法提供——因为他自己一无所知！

然而，这个人的确是一个懂得如何倾听的高手。手下的销售人员问他什么问题，他都会回答说："你自己认为应该怎么做呢？"那些人自然就会说出他们的想法和解决方案，他接着就点头表示同意，然后他们就满意地离开了。他们都认为他是一个优秀的销售经理。

具备优势的时候需要沉默。天地之大，美而不言；太阳不语，自是一种光辉；高山不语，自是一种巍峨；蓝天不语，自是一种高远……人也一样，桃李不言，下自成蹊。

取得成绩的时候需要沉默。面对成绩和掌声，成功者报以深深一躬。这是无声的语言，是恰到好处的沉默。

遭受挫折的时候需要沉默。在失败和厄运面前，拭去眼泪，咬紧牙关。默默地总结教训，然后再投入新的战斗，不失为上策。

等待时机需要沉默。造化总是把机会赠送给有充分准备的人。怨天尤人无济于事，不断充实和完善自己才是可靠的。

承担痛苦的时候需要沉默。如果亲友沉浸在不能自拔的悲伤之中，此刻，无论你说什么，他都听不进去，那就默默地陪他度过一段时光，默默地为他做一些事情。

心灵沟通的时候需要沉默，不是随便打断他的话，而是善于倾听。从倾听中吸取智慧，弥补纰漏，建立信任，产生满足感。

沉默是金，有些人以为沉默就是不开口少说话，其实，这并不是说要你成天板着脸，冷冰冰地让人难以琢磨，而是适时、适度地运用沉默的力量。

长时间的沉默会给人造成极大的心理压力。我们常常可以在影片中看到监狱中有一个叫作禁闭室的房子，用来惩罚不听话的犯人。房间不仅非常狭窄，而且最重要的是那里既见不到阳光又没有人和你说话，你就这么静静待着，一待两个星期或者更长时间。实际上，正常的人即使是在里面关上一天都会感觉度日如年。因为人生性是排斥黑暗和沉默的，沉默使人感到没有依靠，有的时候真的可以让人为之疯狂，所以人常常会沉不住气。

正因如此，许多心理战的高手才经常会利用倾听这张牌来打击对手，利用它来达到目的。

有一个经营印刷厂的老板，在经营了多年之后萌发了退休的念头。他原来从美国购进了一批印刷机器，经过几年使用后，扣除磨损费应该还有 250 万美元的价值。他在心中打定主意，这批机器一定不能以低于 250 万美元的价格出让。

有一个买主在谈判的时候，针对这批机器滔滔不绝地讲了很

多缺点和不足，这让印刷厂的老板十分恼火。但是他在自己刚要发作的时候，突然想起自己 250 万美元的底价，于是又冷静了下来，一言不发，看着那个人继续滔滔不绝。

到了最后，那人再没有说话的气力，突然讲出一句："嘿，老兄，我看你这个机器我最多能够给你 350 万美元，再多的话我们可真是不要了。"于是，这个老板很幸运地比计划多赚了整整100 万美元。

倾听是一门艺术。倾听的技巧就是在对方谈话时聚精会神、全神贯注地聆听。当某个人到你的办公室来和你谈判时，你绝对不允许任何事情分散你的注意力。如果你是在一个喧哗嘈杂的房间里和人谈话，你应当想方设法地让对方感觉到在场的只有你们两个人。

在交谈中，你的双眼应直视对方。即使此时有一个持枪的暴徒突然闯进房间，你或许也不会注意到的！

为了清楚地听到对方的谈话，聚精会神、集中注意力是必要的，因为如果我们精力不集中，就会神游天外、心不在焉。

还需要注意的是，作为一个有修养的聆听者，会记住讲话人所有发言的内容重点，并完全了解别人的希望所在，而不是去注意发言人的长相、声调。

在对方倾诉的时候，尽量不要打断对方说话，大脑思维紧紧跟着他的诉说走，不仅要用耳听，而且要用脑"听"。要学会理性的善感。理性的善感就是忧他之忧，乐他之乐，急他之急。这种时候往往要配合眼神和肢体语言，轻柔地看着对方的鼻尖，如果明白了对方诉说的内容，要不时地点头示意。必要的时候，用自己的语言，重复对方所说的内容（以鼓励对方继续说下去）。

会倾听比善言语更难得

能成大事的人最重要的特质之一，就是在人际交往中善于倾听别人的谈话，他们知道，为了使自己的话语为人重视又不惹人讨厌，唯一的办法是在别人说话时少说话，安静地、耐心地倾听。

让我们看看世界上最伟大的推销员乔·吉拉德的故事，或许我们可以从中得到一些启示。

几年前，乔从一个到他的车行来买车的人那儿学到人际交往中极为重要的一招。当时那位顾客花了近半小时才下定决心买车。乔所做的一切只不过是为了让他走进自己的办公室，签下一纸合约。当那人向乔的办公室走去时，他开始向乔提起他的儿子，说他儿子就要考进一所有名的大学。他十分自豪地说："乔，我儿子要当医生。"

"那太棒了！"乔说。当他们继续往前走时，乔向其他推销员们看了一眼。乔把门打开，一边看那些正在看着乔"演戏"的推销员，一边听顾客说话。

"乔，我孩子很聪明吧？"他继续说，"在他还是婴儿时我就发现他相当聪明。"

"成绩非常不错吧？"乔说，仍然望着门外的人。

"在他们班最棒。"那人又说。

"那他高中毕业后打算做什么？"乔问道。

"我告诉过你的，乔，他在最好的大学学医。"

"那太好了。"乔说。

突然，那人看着他，意识到乔完全忽视了他所讲的话。

"嗯，乔，"他蓦地说了一句，"我该走了。"就这样他转身走了。

下班后，乔回到家回想起一整天的工作，分析他所做成的和他失去的交易，又开始重新考虑白天见到的那位顾客。

第二天上午，乔给那人的办公室打电话说："我是乔·吉拉德，我希望您能来一趟，我想我有一辆好车可以卖给您。"

"哦，世界上最伟大的推销员先生，"他说，"我想让你知道的是我已经从别人那儿买了车。"

"是吗？"乔说。

"是的，我从那个欣赏我、赞美我的人那里买的。当我提起我为我的儿子吉米感到骄傲时，他是那么认真地倾听。"

随后他沉默了一会儿，又说："乔，你并没有听我说话，对你来说我儿子吉米成不成为医生并不重要。好，现在让我告诉你，你这个笨蛋，当别人跟你讲他的喜恶时，你得听着，而且必须全神贯注地听。"顿时，乔明白了他当时所做的事情。乔此时才意识到自己犯了多么大的错误。

从那以后，每个进入店内的顾客，乔都要问问他们是做什么的，家里人怎么样，等等。然后乔再认真地聆听他们讲的每一句话。大家都喜欢这样，因为那给他们带去一种被重视的感觉，而且让他们感觉到你是十分关心他们的。

想成大事的人必须懂得耐心地倾听有时比说话还重要。在交谈中做一个耐心的倾听者，有以下五个原则：

1. 对讲话的人表示称赞

这样做能营造良好的交往气氛。对方听到你的称赞越多，他就越能充分而准确地表达自己的思想。相反，如果你在听话中流露出半点消极态度，就会引起他的戒备，对你产生不信任感。

2. 全身心地投入

你可以这样做：面向说话者，同他保持目光亲密接触，同时配合一定的姿势和手势。无论你是坐着还是站着，都要与对方保持适当的距离。我们共同的感受是，只愿意与认真倾听、反应灵活的人交往，而不愿意与推一下转一下的"石磨"打交道。

3. 以相应的行动回应对方的问题

对方和你交谈的目的，是想得到某种信息，或者想让你做某件事情，或者想灌输给你某种观点，等等。这时，你采取适当的行动就是给对方最好的回答。

4. 向对方提出问题

作为一个听话者，不管在什么情况下，如果倾听过程中，你不明白对方说出的话是什么意思，你就应该及时用适当的方法使他知道这一点。比如，你可以向他提出问题，或者积极地表达出你听到了什么，以便让对方纠正你听错之处。如果你什么都不说，谁又能知道你是否听懂了？

5. 要观察对方的表情

交谈大多时候是通过非语言方式进行的，那么，就要求你不仅要听对方的语言，而且要注意对方的表情，比如看对方如何同你保持目光接触、说话的语气及音调、语速等，同时还要注意对方站着或坐着时同你的距离，从中发现对方的言外之意。

在倾听对方说话的同时，别提太多的问题。问题提得太多，容易致使对方思维混乱，难以集中精力。

其实，用心的倾听有时比你跟别人认真的交谈重要得多，也有效得多。不必费心思考又能赢得人心的倾听，我们何乐而不为呢？

第五章 善于倾听，会说不如会「听」

会说要先会"听"话

英国哲学家弗朗西斯·培根曾说:"与人谋事,则须知其习性,以引导之明其目的,以劝诱之;谙其弱点,以威吓之;察其优势,以钳制之。"这是一段关于交谈的论述,其中所说的引导、劝诱、威吓、钳制,无不是在了解对方的情况下采取的策略,所以,与人交谈,重要的是先要了解听者。因此,在同别人交谈时首先要有"洗耳恭听"的耐心,并且善于捕捉信息,根据听到的信息进行有效的交流,这是成就好口才的必修课。

"站在对方立场思考与行动",谁都明白是金玉良言,但做起来实在很难。会说话的人恰恰就能做到这一点,他们说话都是从对方的立场出发,这就是别人为什么乐于听他们说话的秘诀。

会听话除了要有听人说话的耐心外,还要掌握听话的诀窍,会听出话中话。只有准确听出说话者的意思,才能针对对方说的话去接话,才能成就一个真正的说话高手。

语言交流常常是在不稳定的环境中进行的,语言信息有真有假,有好有坏。有的清晰,有的模糊,有的言此意彼,有的言近旨远,只有仔细听辨,才能正确筛选出语言的真实信息,得到有用的东西,才能有效地进行语言交流。

"应氏杯"世界职业围棋锦标赛抽签仪式结束以后,主持人请参赛高手们各说一句话表达自己的抱负。虽然是只言片语,却大有弦外之音。

聂卫平:"这次因为是中国人举办的比赛,我希望中国人能得第一。"

赵治勋:"我特地赶来参加这场比赛,希望进入第二轮。"

小林光一："我预感最近不会与曹薰铉下棋，未料竟碰上了，我将努力下去。"

林海峰："这个名单我越看越害怕，我想只有一盘一盘好好下了。"

藤泽秀行："第一轮就能够同中国天才棋手马晓春对局，这是一件十分愉快的事情。"

聂卫平两次提到"中国人"，咄咄逼人，很有霸气。赵治勋表面看似很谦虚，志向不高，但从关键词"特地""赶"中可见来者不善，志在必得。小林光一"最近不会与曹薰铉下棋"是暗指曹薰铉会被淘汰，透露出小林光一小看对方的傲气。又用一个"碰"字暗示曹的取胜纯属侥幸，目的是激怒对方，让对方自乱阵脚，好不战而胜。林海峰是一流的选手，却说出那么软绵绵的话，显然是麻痹对手，因为他的骨子里还很硬，还要"一盘一盘好好下"。藤泽秀行同样是以"恭维"对方来使对方松懈，但也透露出他自己实力雄厚，并不感到吃力，反而觉得轻松愉快。

可见，要听懂一个人真正的意思并不是一件容易的事，需要专注、耐心地听。而且，还要善于在具体的语言环境中听出对方的言外之意。

那么究竟应该怎么"听"呢？听有听的学问，"听"是一个交际的过程，更重要的是获得信息。以下介绍一些"听"话的经验：

1. 排除一切干扰

在听别人说话时，"除非房子失了火"，最好是盯着对方的脸，强迫自己聚精会神地听下去，切勿把注意力滑向无足轻重的方面。认定听辨目标以后就定向追踪，一般情况下不要随意游移。除此之外，注意力要集中于对方所说的内容，不要管对方令人不快的神态或打扮，更不要挑选合自己意的内容听。

2. 浓缩信息要点

边听边将对方的话在大脑中进行梳理，记住最重要的话，或将对方的话整理成几句话，记住其中几个最能表明对方观点的关键词，以此把握住对方说话的要点。

3. 梳理对方的思路

对方的表达再乱，也要沉住气尽全力找到"线头"，切忌用自己的主观思路代替别人的思路，只有弄清了对方的思路，才能准确听出对方想要表达的意思。

4. 谨防超前判断

听要听全，听完整，不要轻易地、武断地下结论，更不要轻率地打断别人的话，强加上自己的判断。这样做，一方面显得你不礼貌，没有修养；另一方面，你会打断对方的思路，影响其意思的表达，降低交谈的质量。

5. 适应对方的语速

对方说得快，要特别留心听；说得慢，也不可走神，要利用其表达间隙，整理或思考已得到的信息。总之是慢说慢听，快说快听。

6. 静听弦外之音

有时一段话转弯抹角，特别要留意含有"潜台词"的关键处，留心褒贬一句一词的地方。

掌握好以上几条技巧，你就能够准确抓住对方说话的内容，从而及时有效地应对。会说话的人，他会从说话者的话语中很快了解对方，从而找到合适的话题，使交谈轻松愉快地进行。不仅如此，会说话的人还能听出说话者的话外之音，知道其语言的善恶之意，并对其进行巧妙的反击。

倾听可以熄灭别人的怒火

如果你希望成为一个善于谈话的人，那就先做一个注意倾听的人。要使人对你感兴趣，那就先对别人感兴趣。

最成功的商业会谈的秘诀是什么？注重实际的著名学者依里亚说："关于成功的商业交往，并没有什么秘诀——专心地倾听那个对你讲话的人最为重要，没有别的东西会令他如此开心。照此下去，合作成功是自然的了，也再没有比这更有效的了。"

实际上，即使那些嗜好挑剔别人毛病的人，甚至一位正处于盛怒的批评者，也常会在一个具有包容心与忍耐力且十分友善的倾听者面前妥协，即便那气愤的找事者像一条大毒蛇张开嘴巴的时候，也一定要沉着，克制自己。

一次，纽约电话公司的一位接线员接到了一个顾客的投诉，这位顾客态度刁蛮，满腹牢骚，十分不容易对付，他甚至威胁要拆毁电话，拒绝支付他认为不合理的费用，他写信发给报社，还向消协屡屡投诉。

最后，公司中的一位经验丰富的"调解员"被派去访问这位不近情理的顾客。这位"调解员"静静地听着，并对其表示同情，让这位好争论的仁兄尽情发泄他的满腹怨言。

"我在他那儿静听了几乎有3个小时，"这位"调解员"讲述道，"以后我再到他那里，仍然耐心地听他发牢骚，我一共访问了他四次，在第四次访问结束以前，我已成为他创办的一个团体的会员。有意思的是，据我所知，除这位先生以外，我是这个地球上唯一的会员。"

"在这几次访问中，我耐心倾听，并且同情他所说的每一点。我从未像电话公司其他人那样同他谈话，他的态度慢慢变得和善了。我要见他的真实目的，在第一次访问时没有提到，在随后的两次也没有提到，但在第四次我圆满地解决了这一案件，使他把所有的欠账都付清了，他也撤销了向消协的投诉。"

毫无疑问，这位顾客自认为在为正义而战，在为保障公众的权利而战。但实际上他需要的是自重感。他试图通过挑剔、刁难来得到这种自重感，但在他从公司代表那里得到自重感后，他所谓的满腹牢骚就化为乌有。

如果你甘愿使人当面回避你，背后笑你，甚至轻视你，这里有一个最好的办法：绝不倾听别人说话，并且不断地向他谈论你自己。如果别人在谈话时，你有自己不同的意见，别等他说完，他没有像你一样的伶牙俐齿。为什么要浪费自己的时间去听他人无谓的闲谈？即刻插嘴，在他一句话还没说完时就打断他。接下来你的目的就实现了，你很快就会变得人见人烦。因此，如果你希望成为一个善于与人沟通的高手，那你就得先做一个注意倾听的人。要使别人对你感兴趣，那就先对别人感兴趣。问别人喜欢回答的问题，鼓励他人谈论自己及他所取得的成就。不要忘记与你谈话的人，他对自己的一切，比对你的问题要感兴趣多了。

倾听者虽然不开口说话，但聪明的倾听者往往积极地参与对话，当然这不容易做到。要做到善于倾听别人的谈话很重要的一点，就是要全心全意，而且要真心投入，还能不时地问一些问题，鼓励对方多谈。其中包括机智、周到、不离题、简洁等特点。

其实，表示积极参与谈话的方式很多，绝不需要动不动就插嘴以打断别人的讲话。方式虽然很多，但我们用不着招招纯熟。善于聆听的人经常应用几种自然轻松的方式，关键是要实际有用。这些方式包括偶尔点点头，偶尔附和一两声。有些人会换个姿势或俯身向前，有时候微笑一下或招一下手。而目光的交流最能显示你是一位友好的人，因为这表示："我在非常认真地听你说自己喜欢的事情。"谈话中途停顿时，可以提出相关的问题，继续让他表现下去，让他有话可说、能说、想说。最为关键的并不是你应该采取哪一种倾听技巧，因为这绝不是一件机械化或一成不变的事。但有一件事是确定的：善于倾听，会让你处处受人欢迎。

倾听也要给予有效的反馈

为了使倾听有效，我们应该克服倾听干扰。因此，掌握必要的倾听策略就显得格外重要，而有效反馈是一个很好的方式。如果只是"倾听"而毫无反馈，对于信息提供者来讲，就好比是"对牛弹琴"。有效反馈是有效倾听的体现，管理人员通过倾听获得大量信息，并及时做出有效反馈，这对于激发员工的工作热情，提升工作效率具有重要作用。

反馈有多种形式：语言的和非语言的；正式的和非正式的。其中语言形式的反馈常以口头或书面的方式对所获得的信息做出反应；非言语形式的反馈是以一系列的形体语言对所获得的信息做出的反应。这类反应可以是有意识的，也可以是无意识的。正式的反馈常以报告、会议等方式来表现；而非正式的反馈则可借助闲聊的方式做出反应。常见的反馈类型包括以下几种：判断和分析、点明原因、提出疑问、复述。

1. 判断和分析

即对所获信息加以评价和判断，并对所获信息加以剖析。例如："这样做很好！""你所指的是……"

2. 点明原因

如果我们发现自己不能正确地倾听时，说出其中的问题是最好的策略。例如：告诉对方你没跟上他正在讲的内容，让他解释得更清楚些；如果有某些词你没能理解，告诉他，让他再把这些词解释一遍；让他知道你现在无法集中精力，要求换到其他地方以便能使你集中精力倾听等。虽然向他解释谈话的时间比你料想的要长，而你不得不去其他地方。你可以提出以后聚在一起再谈一次，那时你能更好地集中精力听他谈话。所有这些反应事实上都会使与你谈话的人感到高兴，因为所有这些方法都告诉他你想找机会更好地倾听他的谈话。

3. 提出疑问

即借助提问以获取更多的相关信息。在倾听过程中，恰当地提出问题，往往有助于我们的相互沟通。通过提问的内容可获得信息，同时也可从对方回答的内容、方式、态度、情绪等其他方面获得信息。

美国沟通专家把提问分为两种方式，一种为开放式提问。回答这种提问，不能用简单的"是"或"不是"来回答，回答结果一般无法预料。

例如：甲："我对公司本月销售额很不满意！"乙："为什么？"

另一种为闭合式提问，经常提问"是否""是谁""什么时候"等问题，其结果往往可控制，与预期结果相近。

倾听中，两种方式是相互运用的。其作用各有千秋，开放式提问气氛缓和，可自由应答，可以作为谈话中的调节手段，松弛一下神经。另外，可用开放式问题作为正式谈话的准备，如"最近怎样？"然后很快开始实质问题的交谈。比较来说，闭合式的提问使用机会更多，其优点是可以控制谈话及辩论的方向，同时可以引导和掌握对方的思路，但运用不当会使人为难，气氛容易紧张。两种方式应综合运用，以求得最佳效果。

4. **复述**

即通过对有关信息的复述，以核实所获信息正确与否，同时也有助于向信息提供者表达自己的兴趣所在。

在倾听过程中，有效反馈可以起到激励和调节作用。有效的反馈要求沟通双方投入、有责任感和期望。怎样反馈才有助于沟通和理解呢？

（1）反馈的态度应是支持性的和坦诚的。反馈要照顾对方的感受，必须把对方置于与自己同等的地位，任何先入为主的、盛气凌人的做法都是不可能被接受的。例如：一位经理当着大家的面对一位下属的报告进行这样的反馈："你的报告提交得太晚了，不仅如此，字小得像小米粒一样。重新打印出来马上交给我！"这种反馈由于没有心理上的平等沟通，因而是无法与对方建立起信任和理解关系的。

（2）营造开放的氛围。如果谈话的气氛较为紧张，有些人会对他人的行为、语言产生防卫性反应。这时可以用开放性的、友好探询的问句。例如："你为什么才来？"对方会寻找各种理由为自己辩解，但如果用"你在路上遇到什么事了？"，效果要好得多。

（3）反馈语言要表达明确，要使用具体明确、不笼统抽象和带有成见的语言。如"你的任务完成得很好啊"就不如"这次

117

会展的组织工作非常好，达到了我们预想的目的"更好。如果我们接收到不明的反馈，可以采取措施引导谈话向更有利于信息交流的方向发展。例如：当你听到对方的反馈"你的任务完成得很好"这样的评价时，可以这样反馈："你认为这次任务成功在哪里？有什么需要注意的吗？"

（4）把握适宜的反馈时机。反馈必须灵活地捕捉最佳时机。有时需要及时反馈，但有时反馈应在接受者准备接受时给予，如当一个人情绪激动、心烦意乱、对反馈持有抵触心理时，就应推迟反馈。善于反馈的人能识别对方言语中哪些是真情实感，哪些是表面情绪，而只对对方的真诚情感进行反馈。

要使反馈有效，就必须在沟通双方间建立起相互信任的关系，创造良好的沟通氛围。另外要记住的是，反馈只能是反馈，不能直接作为建议，除非对方有这样的要求。

倾听是对人最大的尊重

在日常生活中，每个人都希望有人听自己倾诉苦衷，和你谈话的人也是如此。和你谈话的人希望你不是冷冰冰的，而是愿意认同他们的感受，体谅他们难处的朋友。聪明的人善于把握交谈者的心理，能够及时给予他们关怀和支持。这其中最重要，也是最关键的一步是要从倾听中清楚地了解对方的所思所想，否则，尊重对方，亲近对方从何谈起？

约克因为生理上的严重问题——听力障碍，只能从别人说话的口型来判断内容。当他成为销售员后，却在很短的时间内取得了非常出色的销售业绩。原来，正是听力障碍助了约克一臂之力。

罗伯特斯公司是一家为圣迭戈地区的老板们提供潜在客户信用情况的公司。现在，公司的创始人格雷迪先生想为公司购进一套价值二三十万美元的计算机系统。由于涉及金额比较大，所以格雷迪先生也是谨慎对待，他考察了很多家供应商的产品和报价，却迟迟没有决定从哪家公司购买。

格雷迪先生成了他调查过的其中一家计算机系统公司的销售员约克的潜在客户。为了得到这个相当重要的合同，约克以坚韧不拔的毅力努力了 10 个月，先后拜访格雷迪先生几十次，还尽职尽责地进行了产品展示、谈判，但格雷迪先生仍没有答应与约克合作。不过，随着约克对格雷迪先生了解的加深，他发现，或许自己那糟糕的听力正在默默地帮他的忙。

原来，每次约克和格雷迪商谈时，由于约克听力很差，他只能坐在椅子边缘，身体尽量前倾，全神贯注地用眼睛"听"格雷迪先生的讲话。即使有秘书进来，约克也是目不转睛地看着格雷迪先生，丝毫不受打扰。

约克的这种动作与表情，让侃侃而谈的格雷迪先生有了这样一个感觉：约克非常认真、专心地听自己讲话，他喜欢我说的话题，很尊重我。渐渐地，格雷迪先生有些离不开自己的这位崇拜者了。最终，约克和格雷迪先生成功达成了交易。

不过，在合同签完后不久，约克戴上了助听器。当他再一次拜访格雷迪先生时，格雷迪先生却感到非常不自在。因为现在的约克已经不需要再坐到椅子边上，身体也可以放松地靠在椅背上了，有人进来时，约克可以一边观察别人，一边听格雷迪先生讲话——他再也不用专注地盯着格雷迪的脸，就能听见他在说

什么。

十几分钟后，对面的格雷迪先生突然不说话了。

"约克！你把那东西取下来。"

"把什么取下来？"

"助听器。"

"为什么？"

"因为我觉得现在你对我一点都不在乎了。我更喜欢以前那样——你坐在椅子边上，身体前倾，时刻注意着我的一举一动，那会让我感到受重视。而现在，在听我说话时你东张西望，好像眼里根本没有我。我知道你不会那样对我，但我还是请你取下那助听器。"

约克突然明白了，他取下助听器，像以前那样倾听客户讲话，格雷迪先生终于满意地笑了。

约克得到客户的青睐不是口舌之功，也不是卑躬屈膝地讨好客户，而是赢在他认真地倾听态度——在客户看来，关心自己所关心的，关注自己所在意的，才是真正的尊重。格雷迪先生喜欢约克无比专注地倾听自己讲话的案例，几乎可以代表所有人的共同心理特质：想从倾听者认真的态度上感受到尊重。尽管不是人人都需要这么一位能够一直听自己讲下去的朋友，却都会喜欢对自己有耐心的人，不是吗？

做一个善于倾听的人

　　从人性的本质来看，每个人最关心的都是自己。要使别人喜欢你，那就做一个善于倾听的人，鼓励别人多谈论自己。

　　乌顿在纽约的一家百货商店买了一套衣服。可这套衣服穿上却很令人失望：上衣褪色，把他的衬衫领子都弄黑了。不得已他又来到该商店，找卖给他衣服的店员，告诉她事情的情形。乌顿想诉说此事的经过，却被店员打断了。店员一再声称：他们已经卖出了数千套这种服装，乌顿是第一个来挑剔的人。正在乌顿和店员激烈争论的时候，另一个店员也加入了，他说所有黑色衣服都要褪一点颜色，并强调这种价钱的衣服就是如此。

　　当时，乌顿听到这些，简直气得冒火，店员不仅怀疑他的诚实，而且还暗示他买的是便宜货。乌顿恼怒起来，正要骂他们，正好经理走过来。他懂得他的职责，正是他使乌顿的态度完全改变了。

　　他先静静地听乌顿讲述了事情的经过。当乌顿说完时，店员们又开始插话表明他们的意见。而此时经理却站在乌顿的立场与他们辩论。他不仅指出乌顿的衬衣领子是明显地被衣服所污染，并坚持说，不能使人满意的东西就不应在店里出售。他承认自己不知衣服褪色的原因，并请乌顿提出他的要求。

　　就在几分钟前，乌顿还预备要店员留下那套可恶的衣服，但现在却决定听取经理的意见。经理建议乌顿再试穿一周，如果到时仍不满意，就来换，并向乌顿道歉。乌顿非常满意地走出了该商店，一周后这衣服没有毛病，乌顿对那商店的信任又完全恢复了。

请不要忘记在与你谈话的人，对他自己、他的需要、他的问题，比对你及你的问题要感兴趣千倍。正如《读者文摘》中所说："许多人之所以请医生，他们所要的只不过是一个倾听者。"

林肯在美国最黑暗的内战时，写信给伊利诺伊的一位老友，邀他到华盛顿来，要与他讨论一些问题。

这位老友应邀前来白宫，林肯同他讲了有关黑人的诸多问题。谈论数小时后，林肯与老友握手道别，并把他送回伊利诺伊，竟没有征求他的意见。在数小时的谈话中，几乎所有的话都是林肯说的，那好像是为了舒畅他的心境。谈话之后，林肯感到安适。

这位老友事后说，当时他只是一个友善的、同情的倾听者，他并没有为林肯做什么。

做一个倾听者，那是我们在困难中都需要的，那常是愤怒的顾客所需要的，那也是一些不满意的雇员、感情受到伤害的朋友所需要的。

为了让自己成为受人敬爱的人，我们必须培养一种"设身处地"的能力，也就是抛开自己的立场置身于对方立场的能力。只要能够体恤对方的心情，同时积极地分享对方的心事，努力维持亲密而和谐的关系，并谈论些自然生动的话题，我们就能够成为受欢迎的人。

话是人说的，理解语言的意思离不开理解人。说话者身份、知识、背景等的不同，会导致一句有意义的话的目的、重要性、可信度、深层含义等多方面的不同。因此，正确地听要以知人为前提。

第六章

真诚开口，嘴甜的人总会有人帮

"嘴巴巧，好办事"，这句话其实是很有道理的，尤其是在请求他人帮忙的时候。如果你把话说到点上，能赢取他人的欢心，那么你的请求就不会白费。其实，求人帮忙是一件技术活，如果你能沟通得好，那么问题就好办；如果你沟通不好，那么你只能另寻他路。如何才能把握住沟通的主动权，让对方心甘情愿帮助自己呢？

说话要适度地恭维

适当地恭维别人，是处世之道。任何人都乐意听好话，都愿意听别人赞美自己的长处和优点，而不愿意听别人说自己的短处和缺点。

恭维别人对自己也会有所帮助。如果想让对方接受你的观点或想法，则必须先让对方能够静心倾听你的想法。如果对方连听都没有听进去，又何谈接受不接受呢？而要对方倾听，则不可使对方产生反感。恭维话在此时就会发挥最好的效用，恭维别人的同时，也解决了自己的问题。

例如，在与上级领导沟通中，下属需要了解上级领导的个性心理，给予适当的恭维。领导者首先是一个人，作为一个人，他有他的性格、爱好，也有他的作风和习惯。对领导有清楚的了解，不要认为这是为了庸俗地"迎合"领导，而是为了运用心理学规律与领导进行沟通，以便更好地处理上下级关系，做好工作。

人性中有一种最深切的秉性，就是被人恭维的渴望。这种渴望，不仅仅是愿望，也不仅仅是欲望和希望，而是被恭维的渴望。在与领导者交往中，要永远记住，领导都希望下属恭维他、赞扬他。找出领导的优点和长处，在适当的时候给领导诚实而真挚的恭维，会为沟通打开一个缺口。

有的领导自恃头脑聪明，交际广泛，往往认定自己是一个了不起的人物，从而趾高气扬，骄傲自满，甚至目空一切。由于他们喜欢别人对他们歌功颂德，反感对其批评指责，甚至厌恶那些对他们的"功""德"毫无反应的人。对于这样的领导，需要适度地进行恭维。

与他们打交道不妨采取投其所好的方式，对其业绩、学识、才能等给予实事求是的赞美，使其荣誉心、自尊心得到满足。这样就可以从心理上缩短距离，同样能起到左右他们态度的作用。

有位生性高傲的经理，一般生人很难接近，他的冰冷常使人望而却步。

有位外地来的业务员听说了他的脾气，一见面就微笑着扔了一支烟说："我一进门就有人告诉我，您是个爽快人，办事认真，富有同情心，特别是对外地人格外关照。我一听，高兴极了。我就爱和这样的领导共事，痛快！"

听到这番话，这位经理的脸上立刻露出一丝笑容，接下去谈正事，果然大见成效。

这位业务员的成功便得益于开头的那几句恭维话。这样，对方就不好意思对一个恭维自己的人给予冷遇，在维护自我形象的心理支配下变得和蔼可亲。

恭维别人的方式有很多，但说到底不外乎以下三种：

1. 恭维话要实事求是

人总是喜欢奉承的，即使明知对方讲的是奉承话，心中还是免不了会沾沾自喜，这是人性的弱点。换句话说，一个人受到别人的夸赞，绝不会觉得厌恶，除非对方说得太离谱了。奉承别人首要的条件，是要有一份诚挚的心意及老实的态度。

2. 不要随便恭维别人

对于不了解的人，最好先不要深谈。要等你找出他喜欢的是哪一种赞扬，才可进一步交谈。最重要的是，适时适度，不可滥用。

第六章 真诚开口，嘴甜的人总会有人帮

3. 背后称颂效果更好

恭维时，要找准确实需要增光添彩的"闪光点"，最好郑重地讲给第三者听。这种恭维，不管是当着别人的面，还是在背后讲，都能起到好的作用。这种赞语，如果当着面说给人们听，会使人感到虚假，或者疑心他不是诚心的，背后的赞语反而会让人们确信无疑。

恭维话并不是随便恭维，要注意对象和内容，任何人心底都有一种希望，年轻人的希望是他自己，老年人则把希望寄托在年轻人身上。年轻人当然希望自己前途无量，宏图大展，所以恭维时便须点出几条，证明他是有潜力的。而老年人自知年老力衰，一切都已成为过去，所谓"好汉不提当年勇"，他们只希望后辈人能超过自己，创造出更好的前程。所以，对老人恭维时，不妨将着眼点放到他们的晚辈身上，并将老年人与其晚辈比较，指出后辈的长处。这种做法，不但不会引起老人的反感，相反他会很高兴。

对于不同职业不同文化程度的人，恭维也应有所区别。对待商人，如果恭维他才高八斗、学富五车显然不行；而对文化人说他如何财源广进、财运亨通更是不妥；对于政府要员，你若说他生财有道，他定以为你是说他贪污受贿。同时也还要注意掌握好恭维的分寸——不可太过，否则就成拍马屁了。

记住对方名字能获得好感

现代社会人们交际频繁，我们周围经常会碰到这样的事：两个人见面，其中一个人认识另一个人，而对方却早已忘记他姓甚名谁。发生这样的情况，不礼貌倒还是小事，若是赶上紧要场合，常常会因小失大。

有些人天生记忆力好，看书、阅人均过目不忘，有些人记忆力差一些，但若把这作为不礼貌甚至因小失大的理由，也未免有些牵强，对某些职业来说，记住别人的名字更是工作上的必需。

记住对方的名字是赢得交际的第一回合。当两人相互认识时，姓名对对方而言则代表一切。记住对方的名字等于记住了这个人，显示你对对方的尊重。记住并准确地叫出对方的姓名，会使人感到亲切自然，一见如故。否则，即使有过交往的朋友也会生疏起来。

胡先生热衷于划船，有一次在湖边划船，遇到一位同好，共度了30分钟，后来又在机场偶然碰到这位同好。那位萍水相逢的朋友对胡先生说，很想买一条像胡先生那样的船，不知胡先生肯不肯卖？胡先生很喜欢那条船，所以不想卖。

可是，过了一个星期，胡先生被派调往其他地区。现在，胡先生打算把船卖掉，但是，却想不起当初想要买船的那个人叫什么名字。

倘若当初胡先生和那个人谈话的时候，能仔细倾听对方所说的话，而不仅仅是为了表面的礼貌，才装着留心倾听，那么后来就不必以低价把船卖掉，损失一笔钱了。

要记住对方的名字，除了了解和掌握中外人名的特点以外，

还可采用以下方法：

在互相介绍的时候集中注意力。过几分钟以后对自己重复他的名字，如果忘了就再问一次。

初次见面被告知姓名时，最好自己重复一遍，并请对方把名字一字一字地分别解析一次来加深印象。如果他的名字比较难记，你可以多重复几遍。

可以借助交换名片保留对方的名字，并将名片分类整理放好。也可以把新结识的人的姓名及时记在通讯录上，经常翻阅。这样，对新结识的朋友就不容易忘记了。

高声地重复对方的名字，并且在下次交谈时称呼其名。

把名字和对方的职务或者工作联系起来记忆。可以把一个名字的发音联想成一个容易记住的词语。

如果对方名字和你所知道的某些词语或者与你的朋友的名字有着相似之处，那赶快将这个相似点记下来。

通过交谈，相互了解熟悉，尽量多地使用对方的名字，不一会儿你就会记下来了。

将你记忆的名字与对方的相貌相互对应，心里重复这个联系并且记忆多次。

把姓名脸谱化或将其身材形象化，把对方特征与姓名一起输入大脑。如有个青年叫聂品，可以将他的名字解释为"两只耳朵三张口"，这样就容易记了。

把他们的名字写下来，多翻几次笔记本，久而久之就印入你的脑海了。

把对方的名字与某些事物（如熟悉的地名、物名、人名等）关联起来；介绍对方给自己的配偶或者其他熟人，这样有助于加深印象。名字作为每个人特有的标识，是非常重要的。记住对方的名字，并把它叫出来，等于给对方一个很巧妙的赞美。所以，记住别人的名字，不仅是对他们的尊重和表示你对他们的重视，同时也让别人对你产生更好的印象。

多帮他人，才好开口求人

如果平日里你总对他人的困境不闻不问，那么当你有一天需要帮助的时候，真的是找不到一个搭手的人。如果你在与人沟通的过程中得知对方有所需要，那就伸出援助之手，这样日后你才好开口求助他人。其实，帮助人是一种缘分。缘分都是共有的，既没有你我之分，又你中有我，我中有你。我帮了你，你帮了他，他又帮了我。

阿隆拟了一份项目策划书，内容很有价值，但是不合经理胃口，被打回重写。办公室不少人对此冷嘲热讽，见到阿隆就挤眉弄眼，为此，阿隆感觉相当郁闷。

下班后，同事小旭过来看了看策划书，为阿隆提了一些合理的建议。阿隆进行了一定的修改之后交给了经理，结果这个项目策划被经理采纳了，还给阿隆加薪奖励。阿隆将小旭的帮助牢记在心里。

后来，小旭想申请配一台笔记本电脑。按照惯例，这个申请十有八九会被打回来，但笔记本电脑对经常出差的他又很有必要。小旭在办公室一直没好意思提，他觉得自己跟阿隆关系不错，就私下里问阿隆，希望他能帮自己想一个好办法。自从上次小旭帮过自己后，阿隆一直希望有机会能报答小旭，这次小旭来求助自己，阿隆感到非常高兴。于是阿隆就给小旭出了一个点子，让小旭在申请书上注明："这台电脑将在与我们有业务往来的那家公司以最低价格购买。"结果小旭的申请被批准了。

人与人的交往离不开彼此的关怀与帮助，所谓"送人玫瑰，手有余香"，如果你能够给予他人帮助，其实在一定意义上也是帮助了自己。朋友们，试想一下，如果你总是独来独往，不乐于助人，当你遇到困难的时候，你怎么开口找人帮忙呢？帮助的过程也是一个沟通的过程，为了自己有所需要的时候好开口，那就做一个乐于助人的人吧！

在他人需要帮忙的时候，我们该如何伸手帮忙，主动沟通呢？

1. 真正了解别人的需要

想要帮助别人，我们就要懂得用智慧来判断对方的心理状态，看看对方真正需要什么。同时还要花时间研究、观察对方的反应，这对了解他人是非常重要的。

2. 让他人明白你不是为利益

人们最讨厌看到的事情之一，是有人企图为了自己的利益而占别人便宜。靠损害别人利益使自己得受益，貌似成功，但从长远来看是害人又害己。一个人要是占别人便宜，他未来机会就会减少，乐意助他成功的人也会越来越少。所以，不要打着帮助别人的幌子为自己谋利益，否则你将输得很惨。

3. 坦诚表达你的善意

坦诚相告，就要知道自己在想什么，有什么感觉，然后得体地表达出来，告诉对方你可以给他帮助。无论如何，坦率地说出你必须要说的，这是很重要的。当然你在表现你的诚实时切不可生硬，还要做到简明扼要。

4. 不干涉他人隐私

有些人很注意隐私权，不喜欢让人知道个人的私事，哪怕是要好的朋友，所以我们不要轻易闯入对方的私人"领地"。在他们看来，"你最近怎么样啊"，或"你的男（女）朋友或老婆（老公）怎么样啊"这类话题，是没有修养的窥探别人隐私的行为。

人际交往中，我们帮助了他人，不必以此沾沾自喜、自鸣得意，更不能摆出一副救世主的面孔，因为我们的帮助应该是无私的、诚恳的、不存在半点恩赐的感觉，如果老记得自己有恩于他人，这样活着岂不是很累吗？

求人办事要注意的禁忌

求人办事有很多禁忌，如果你在与对方沟通的时候不注意说话的分寸，那就很可能自己把事情搞砸了。在求人办事的过程中，许多人喜欢贬低自己，例如："我真的是无能为力，感觉什么都做不好！""这么一点事我都没做好，真不知道自己还能干点什么！""情况您也了解，我实在是做不好！"也许你只是想向对方表达你的谦虚，但是在对方眼里你或许就是一个无能、消极的人。所以，想要别人尊重你、看得起你，那就不要说一些悲观的话。

成哥和阿伟在一次聚会上认识，以后也并没有过多的来往。后来，成哥开了一个小加工厂，因外欠款太多，他就找到了在县公安局工作的阿伟，让他帮忙把款追回来。阿伟没有答应他，可

第六章　真诚开口，嘴甜的人总会有人帮

x

成哥多次找阿伟，要求他利用其身份对欠账者进行追讨。阿伟表示："我不能以私人身份介入你们之间的债务纠纷，如果通过法律，我可以帮你找律师。"对此，成哥便开始胡搅蛮缠，并且多次到阿伟的家中、办公室等地去找他，致使阿伟不能正常工作和生活。于是，阿伟便以干扰自己正常工作和家庭生活为由，把成哥告上了法庭。这不正是因为强人所难。成哥才把自己变成了被告吗？

求人帮忙要懂得礼节。别人帮助你，你要懂得感恩；别人不帮你，你也不能采取蛮横霸道的方式报复他人。如果人人都这样不讲道理，那我们的社会岂不就混乱了吗？

求人帮忙是需要好好沟通的，里面有许多禁忌，那么，哪些地方需要我们注意呢？

1. 注意说话的分寸

不管做什么事情，我们都要懂得把握好尺度，求人帮忙也不例外。根据双方交情的深浅，把握谈话的深度，千万不要口无遮拦、不分亲疏。否则，别人会认为你是个伪君子。

2. 不要说一些情绪沮丧的话

过于消极、悲观的态度，会给人造成一种反感。求人帮忙时，那些沮丧的话，容易造成一种压抑的气氛，引起对方的不快，也易造成你们的话不投机。每个人都有各自的烦恼和不幸，在社交场合和人际交往中，要少提起。成熟的人，要懂得自我消化烦恼，不能让自己的负面情绪影响别人。

3. 不心急，要有足够的耐心

当求人过程中出现僵局时，人的直接反应通常是烦躁、失意、恼火甚至发怒。然而，这无助于事情的解决。你应理智地控制自己，采取忍耐的态度。这时，忍耐表现的是对对方处境的理解，更是对转机到来的期待。

4. 态度亲和，保持谦虚

求人帮忙的时候要放低自己的姿态，不要一副高高在上的样子，这样高的姿态何必求人呢？此外，不要班门弄斧，显示自己的学识，讲一些别人听不懂的专业术语。这很容易引起对方的反感。我们要为人和善，亲切地与对方沟通，这样才能赢取他人的好感。

5. 不要勉强他人

求人办事绝不能强人所难。所以，在求人办事的过程中一定要考虑对方的实际能力，看对方是否能办得到。如果你求人办事，对方诚心诚意表示他爱莫能助，就不能强求对方非给你办成不可。

6. 切忌命令他人

求人办事，不要用命令的口气，即使是关系很密切的人，措辞、语气也要适度。如"必须这个月完成""这事你一定得帮我办"等，这种话听起来有种胁迫感，令人难以接受。应该说："请尽量帮帮忙。"给人留下回旋的余地，才不会使自己尴尬。

求人办事，第一要讲求态度，态度一定要诚恳谦卑；第二要注意沟通技巧，以理服人，让别人愿意帮助你。我们一定要把握好说话的分寸，给人留下好印象，即便别人帮不到你，你也要懂得向对方表达你的谢意，这才是关键所在。此外，还要尽可能向人家阐明自己做此事的目的、作用，把事情的原因、想法告诉人家，说话不要支支吾吾，不要让对方觉得你不相信他。

第六章 真诚开口，嘴甜的人总会有人帮

学会"戴高帽"，博取对方欢心

何谓"戴高帽"？其实"戴高帽"就是把一个人的优点、专长、名誉、地位等好的一面，用恰当的话语表达出来，并让对方乐于接受，从而起到鼓励、鞭策、警醒、劝告等作用。曾有人这么曲解法国总统戴高乐的名字：戴高帽就乐。这种解释看似不着边际，却揭示出一个真理：给人"戴高帽"能增进对方的满足感。从而容易激发对方的高尚行为，利于说服，因此，当你需要别人帮助的时候，不妨给他戴上几顶高帽，别人高兴了，内心满足了，你的事情也就好办多了。

春秋战国时期，韩国修筑新城的城墙，规定限 15 天完工。大臣段乔负责主管此事，监督甚严。有一次，一段城墙施工因故拖延了两天，段乔大怒，就逮捕了这个县的主管，将其关进大牢。

后来，这名官员的儿子设法解救父亲，就找到管理疆界的官员子高，让子高去替父亲求情。子高被来人的孝心感动，答应了这件事。

一天，子高见了段乔后，并不直接提及放人的事，而是和段乔共同登上城墙，故意左右张望。然后由衷赞叹："这墙修得太漂亮了，真算得上是一件了不起的功劳。规模这样大，并且整个工程结束后还未曾处罚过一个人，这确实让人敬佩不已。不过，我听说大人将一个县里主管工程的官员叫来审查，我看大可不必，整个工程修建得这样好，出现一点小小的纰漏是不足为奇的，又何必为一点小事影响您的功劳呢。"

段乔见子高如此评价他的工作，心中甚是高兴，又觉得子高的话在情理之中，于是便把那个官员放了。

其实，大部分人都希望得到别人的赞赏和鼓励，如果你想得到对方的帮助，那就要在寻求帮助之前好好学习一下"戴高帽"的技术吧，这样会大大提高你办事的成功率。给领导"戴高帽"，你会得到领导的赏识；给同事"戴高帽"，你会得到同事的真心，给下属"戴高帽"，你会得到下属尽职尽责的效力。给他人"戴高帽"，是一个成熟的领导者百试不爽、游刃职场的灵丹妙药，那么，在沟通过程中，我们怎样才能不露声色，又能取悦他人，巧妙地给他人"戴高帽"呢？

1. 摆正自己的心态

可能很多人会觉得恭维别人的行为是小人作为，是可耻的，会失了自己的面子，委屈了自己，义正词严地表示绝对不会给别人"戴高帽"，殊不知人生在世，谁也不能保证自己没有给身边的人戴过高帽。

2. 要把握"戴高帽"的时机

一般来说，当对方不想帮忙时，拒绝的理由往往非常充分，要想改变他的想法，使其接受你的请求是十分困难的。但如果把握住说话的主动权，先给对方"戴高帽"，不让对方有机会说出拒绝的话，这样的谈话就很容易成功。

3. 不要随意"戴高帽"

在给上司"戴高帽"时，切莫阿谀奉承、溜须拍马；在给平级"戴高帽"时，切莫不切实际地夸大其词、曲意逢迎；在给下属"戴高帽"时，切莫交浅言深、有意讨好。而且在送出高帽时，要考虑场合、时机、对象，千万别留有破绽，这样才能赢得对方的好感。

4. "戴高帽"要真诚，切合实际

我们不要曲解了"戴高帽"的意思，说出的赞美之言要真诚，要切合对方的实际，有理有据，不要胡言乱语，脱离实际，否则你就成了"拍马屁"，不但事情没办成还把对方得罪了。

5. 背后称颂比当面赞扬效果更好

罗斯福的副官对这一点颇有心得，他说："与当面恭维相比，更为有效的则是背后颂扬别人的优点。"这是至高的技巧，在背后颂扬人，与各种恭维的方法比，看起来总是最诚恳真挚，也是最有效果的。当对方从他人口中得知你对他的称赞时，他心里也会记得你的好，即便有时候你不好意思开口寻求帮助，他也会对你伸出援助之手。

懂得"戴高帽"是一种智慧，但是切记不可乱戴过重的"高帽子"。更多的时候不要轻易地正面表态，保持一份矜持下的端庄和从容。在一种"天知地知你知我知"的情况下，将"高帽子"巧妙地给人戴上，既可以防止抹不开面子，也让对方心领神会，还不容易被他人识破，而产生不快的感觉。

用心求助，真诚沟通

宁宁和小珍是好朋友，从小一起长大，按照她们的话说就是，两个人虽不是一个爸妈，但是比亲姐妹还要亲。

宁宁在一家外贸公司工作，在公司里不怎么受器重，因此宁宁打算辞职，自己开拓事业。但是，想要创办自己的事业，单枪匹马肯定是不行的。于是她想让小珍来帮助自己。小珍虽说薪水

不高，但是很稳定，而且现在有了家室。创业意味着要冒很大的风险，似乎这对她来说并不是个好的方向。

但是，小珍很仗义，爽快地答应了宁宁的请求。于是两人风风火火地开始准备。等到万事俱备的时候，小珍却迟迟没有辞职。这下可急坏了宁宁。她明白，要是没有小珍的帮忙，这个生意是绝对做不成的。

于是她找到了小珍，小珍一直低头不说话，宁宁似乎明白了什么。但是她不想放弃。于是说："小珍，你是不是有什么难言之隐啊？"

小珍抬起头，望着宁宁说："我老公不同意我辞职，他说我要是辞职的话，一切后果自己承担。我也是没有办法啊。"

宁宁沉默了几分钟说："你现在就这么上班，啥时候是个头啊，你挣的那点工资也只能解决温饱。要是现在咱们不努力，靠男人也不是个事啊。看别人家的孩子穿得好、玩得好，咱们就能忍心让自己的孩子受苦啊。所以咱们就得努力啊！趁现在年轻，还能闯一闯，再过个三五年，就是想动也动不起来了。一辈子就这么过去了。"

小珍陷入了沉思，几分钟之后，她撇了撇嘴，说："宁宁，我跟你干了，是好是坏，咱们拼一把。要是干好了，咱们就能过上好日子，要是干不好，就算我倒霉了。"

宁宁拍拍小珍的肩膀说："不要那么悲观，咱们不是还有一半的胜算吗？"说完，两人哈哈大笑了起来。

不久之后，宁宁和小珍的生意做了起来。

想要说服对方，你就要有诚意，坦诚表明你的立场和想法，让对方看到你的真心，否则再多的花言巧语也于事无补。那么，在沟通劝说的过程中，如何把话说得真诚一些、让人觉得赏心悦目呢？

第六章　真诚开口，嘴甜的人总会有人帮

1. 主动登门拜访

你应该主动到对方那里去，而不应被动地等待或颐指气使、发号施令让别人到你这里来。如果你打算约对方出来谈事，那要先于对方到达，并要等对方，不要让别人等你。

2. 要有耐心，好事多磨

如果对方没时间，那就要耐心等待对方，但也要适当地学一点"软磨硬泡"的方法。当然，办事中的"磨"，并不是要无赖，而是一种礼貌的等待。在"磨"的过程中，不要让对方感觉你是在故意找麻烦，故意影响他的工作，即使需要多"磨"，也要通情达理，尽量减少对他人的干扰，这样，才能"磨"成功。

3. 不要过多谈论要办的事

在办事过程中，我们不要过多地谈论要办的事情，只需要不间断地接近对方，使彼此的关系变得亲密，让对方多了解你、同情你，被你的诚心所打动，从而产生帮助你的愿望。这样，我们才能顺势掌控局面，达到办事成功的目的。

4. 表达谢意与歉意

真诚求助，你就要随时传达出你对对方的感激与歉意，毕竟因为帮助你，对方需要耗费精力和时间。你的谢意和歉意表达的越真诚，对方越不好意思回绝你，因为他看到了你诚恳和急切的心情。如果有机会，你还要主动给予对方帮助，以示报答。投桃报李、礼尚往来是交际的一个原则。做到"受恩莫忘"，滴水之恩，当以涌泉相报。

有句话说的好，"心诚则灵。"这里不是指求神拜佛，而是指求人办事之时，首先要表现自己的诚心，才能真正打动对方，获得对方的认可和首肯，从而达到自己想要的目的。无论何时何地，你只有诚心求人，别人才会愿意帮助你。

要学会笼络下属

最近，某市的一家电子企业聘请了一位善于管理，却不擅长专业技术的厂长，这个厂长名叫王子奇，是一位非常外向且很有头脑的人。有着过硬技术专长的前任厂长早已给厂内的员工留下很深的印象，再加上多年的相处和工作习惯，所以厂内的员工并不买王子奇的账。对于王子奇下达的管理改革方案，他们不但不热心配合，反而远远地躲开他，不愿与他亲近。看到这个情形，王子奇并不气馁，他懂得人心，且信心十足，认为自己能够和他们打成一片。

首先，王子奇开始从大家比较信服的两位领导下手，下班以后，他会带上一些小礼物，到手下的两位领导家里做客，和他们及其家人谈天说地、拉家常，并由此了解到他们一些不为人知的小缺点。一个月后，他们的关系慢慢熟络起来，并开始"礼尚往来"，会到王子奇家里喝茶，期间会报告一些厂里员工的情况或是想法，并且将自己在工作中遇到的一些事也做一番报告，时间久了，王子奇就对厂里的员工有了大致的了解。

上班时，王子奇会四下走动，和一些员工"亲近"。看到库管员陈笑，就上前说："嗨！陈笑，我看到过你的男朋友在咱们工厂门口等你，挺不错的小伙子啊！今天他来吗？"

看到工程师王师傅，上前又说："王师傅啊，听说你儿子功课超棒，他的脑袋瓜子一定跟你一样聪明。"

在食堂和大伙儿一起用餐时，王子奇一边吃一边将两位领导的一些无所谓的小缺点都讲了出来，逗得一阵笑声，而和王子奇早有默契的两位领导，在一旁只是傻笑。

没有多久，王子奇便和厂里上上下下打成一片，他的管理改革政策也获得了普遍的支持。在王子奇的带领下，大家都非常用心地工作。

作为领导，一定要懂得一些感情投资、收买人心的技巧。当人心涣散时，要能够将一颗颗零散的人心凝聚起来，让你的下属全心全意为你效力。在这里，为大家详细介绍几种笼络人心的技巧。

1. 拿出时间与下属沟通

上司要拿出时间与下属沟通，使双方思想得到交流。当一个管理者与员工开始沟通的时候，说明你已经开始重视他，每个人在集体当中所要寻找的就是重视感，而沟通的行为已经说明你很重视他的存在，并希望听取他的建议，所以他就会受到很大的激励。

2. 多倾听下属的意见

多倾听下属的意见，可以让下属看到你对他们的重视，有利于激发他们的积极性和主动性。美国历史上有七位四星级上将一致认为，有些军事领导人虽然有很好的战斗能力，但却到达不了事业顶峰，原因就在于他们不善于倾听别人的意见。

3. 充当下属的保护神

下属在发生意外事情时，最期望得到领导的支持，领导的安慰会使下属感到无比满足与欣慰，使他们愿意向领导敞开心扉，表露心迹。而下属对领导的无限信任，是领导做好工作的前提。有的领导在工作不顺利时会发牢骚，并将责任推给下属，这样的领导自然无法得到下属的支持。

4. 整合智力资源，点石成金

每个人都身怀绝技，禀赋各异，领导者要能准确把握下属的特性和专长，学会用其所长，去发现和捕捉那些不起眼，但却极有价值的智慧火花，才能"借"到真经，提高"借脑"的含金量。

5. 鼓励下属，"你能做到"

鼓励能够极大地激发一个人的潜能，如果你总是责骂下属或者是不相信他们的能力，那你就错了，因为这样会大大地削弱下属工作的积极性和自信心，那么他们就无法充满斗志地为你卖力。

上司要笼络属下，最有效果的台词，就是"我认同你"以及"我相信你"。这些鼓励的话语是对工作能力以及工作态度的认同，也包括性格与道德方面的认同。人都是有感情的，如果沟通好了，你们的关系就会拉近，下属才会真心听从你的安排，创造更大的效益。

不要小瞧热情感染的力量

一个人最让人无法抗拒的魅力就在于他的热情，尤其是销售人员。一个销售人员是否热情，决定了客户是否喜欢并接受他。可以说，是热情感染了客户的情绪，带给人们愉快的感觉。在这种和谐的气氛中，人们就会不由自主地对他的商品产生好感，最终跟他成交。

华姐是某个购物中心的店长，也是一位热情的领导，无论对店员还是顾客，她都用自己热情的笑脸对待大家，感染着与她认识的每一个人。她不仅与广大客户建立起非常融洽的关系，自己的业绩也是节节攀升。

她熟知老客户的身高、体形、喜好，并能及时帮助老客户得到他们所需要的商品和帮助，她对待每一个新客户也始终热情如一。华姐不仅为客户提供必要的服务，还帮助客户作出最佳的选择。为此，不管是老客户还是新客户，都非常喜欢华姐为他们服务，这让她颇得人缘，业绩自然也很突出。

对此，华姐讲出了她的经验："帮助我的是热情，没有热情就没有销售。"

热情能让一个人的沟通变得更顺畅，可以说是一个人成功不可或缺的因素。我们继续看下面这个案例：

李玉想寒假期间给在外上学的侄女一个惊喜，给她买一台电脑，她说："过年前电脑是肯定要买的，可是牌子太多，配置都差不多，价格也不相上下，真的很难选。其实具体我也不太懂，那就去看看再说吧！"

来到电器城，李玉可是惊呆了，这么多品牌，这么多样式，可买哪个好呢？其实自己也不是很懂，关键还是想听听各个店员的介绍。她来到一位20岁左右的姑娘面前说"美女，我想买台电脑，你给我介绍一款吧？"本想着能够听听对方的建议，可是对面的姑娘却冷漠地说："您先等一下吧。"说着就自己低头做自己的事情了。这下把李玉气坏了，说了一句"不卖拉倒，好像就你卖似的！"就离开了。于是李玉就去别处看看，这时有个小伙子非常热情地招呼李玉："姐，您是在看电脑吗？过来看看，有什么需要的我可以帮您介绍。"看到小伙子如此热情，李玉的气瞬间就消了，于是跟他谈了起来。小伙子首先对李玉买电脑的要求了解了一下，然后又给她介绍了几款适合李玉要求的电脑，随后做了一下对比……最后他们一致决定了一款电脑，整个过程李玉感到非常开心。这位小伙子为人非常热情，态度也很诚恳，正是因为他的这种精神感染了李玉。临走之前李玉还告诉小伙子以后会介绍自己的朋友来他这里买，小伙子热情地送走了李玉。

作为销售人员，做到主动热情地与顾客沟通有哪些技巧呢？

1. 待人要亲切，实事求是

待人要亲切，要有人情味。即使面对陌生人，在微不足道的小事或细节上，也要认真以礼相待，不要自视高人一等。在谈话中要光明磊落，堂堂正正，不要以卑鄙、狡猾的手段去达到自己的目的。此外还要应客观地、谦逊地表示自己的意见，不要说一些不切实际的话。

2. 让人感受到你的真诚

为人热情离不开真诚。诚恳能带来朋友间心灵的共鸣，精神的寄托，思想的交融。能真诚对待别人的人，他们身边总聚集着一大堆的好朋友，他总能让人感到安全感，愉悦感和信赖感。

3. 保持努力向上的心态

热情，与自身的努力是分不开的。首先，要调动起自身的潜力，全心全意做好自己的本职工作。工作出色了，有了业绩，自己会产生一点成就感和优越感，也就有了工作的动力。工作做好了，也会赢得别人的尊重，工作起来才会更上一层楼。

4. 交谈要面带微笑

如果说眼睛是心灵的窗户，那么微笑就是心灵的发言人。一个微笑所承载和传导的真情，胜过了千言万语，对顾客的感染是非常强烈的。微笑的唯一前提是真诚。没有真诚，微笑就不能是微笑，而只能是冷笑。所以，你若要想沟通的顺畅，先收起那张不讨人喜欢的面貌，赶快翘起嘴角，放松眉头，用你可爱的笑脸去面对他人吧！

第六章　真诚开口，嘴甜的人总会有人帮

热情能营造一种积极向上的氛围，感染每一个人。如果你始终以最佳的精神状态出现在对方面前，那对方一定会因此受到鼓舞，你的热情会像野火般蔓延开来。总之，就要让对方看出你的热情，看出你的真诚，这样你才会感染对方，让彼此的沟通更为顺畅。

说话要体现出足够的自信

人们展现自己强大气场、散发感染力的方式有很多，比如说行动、素质、能力等，除此之外，我们不要忽略了一点，那就是语言。铿锵有力、掷地有声的发言就是一种强大气场的证明。说话没有底气就是没有信心，不能说服自己，当然不能说服别人。所以，展现自己的魅力必须要学会自信、流畅地表达。

大学毕业之后，陈月月和别的同学一样，拿着厚厚的简历四处找工作，可是都不满意。除了一些做业务的工作外，大部分的岗位都需要有丰富的工作经验。陈月月只能站在一旁望洋兴叹。

这天，陈月月百无聊赖，在网上闲逛，无意中打开了一家人才招聘网站，看到一家企业在招秘书，而且要求也不是很高，自己完全能胜任，于是投了简历。老实说，陈月月自己并没有抱多大的希望。

可是奇迹往往在不经意间发生。第二天，陈月月竟然接到了对方通知面试的电话。于是这天下午，她提前来到该公司，等对方的经理上班了之后，再参加面试。与她一起面试的还有四五个女孩。

她们依次参加了面试。轮到陈月月面试的时候，她坐在经理的对面，抬头挺胸显得非常自信。在和经理的交谈中，她没有像别的女孩子那样扭扭捏捏、装淑女，而是很大方，很清晰地回答了经理的提问。

面试结束后的第二天，陈月月接到了上班的通知。在和经理的交谈中，陈月月得知，正是因为她的自信表达，给经理留下了深刻的印象。让经理觉得她所说的每句话都是真的，是没有水分的。

就这样，陈月月凭借着自己的自信表达最终获得了经理的信任，得到了工作。

在与人沟通的过程中，言辞中表现出来的自信能给人带来强大的气场，能让一个人的魅力得到充分的体现，能够大大提高一个人沟通成功的可能性。自信不一定成功，但不自信一定不能成功。在与人交往时语言是展现自信的有力途径。铿锵有力、掷地有声的发言绝对是自信的表现。自信能发挥出强大的能量，人格魅力就在于此。

与人沟通，贵在自信。自信的说话并不是一件简单的事，需要长期的努力和正确的方法。这里有一些提高讲话自信的具体方法，值得一试。

1. 有准备性的提高

林肯说："即使是再有实力的人，如果没有精心的准备，也无法说出有系统、高水平的话来。"所以，你需要在说话之前广泛地收集素材，并对你的主题进行深入细致地思考。当你确认自己准备充分之后，不妨设想自己正在以完全的控制力对他人说话。

2. 说话声音要大一些

一般情况下，自信的人说话字正腔圆，声音比较洪亮，底气比较足。而缺乏信心的人则表现得底气不足，说话声音很小。同样，说话声音大的人比较真诚，而说话闪烁其词的人则很多时候内心有鬼，给人感觉心虚。

3. 不断给自己鼓励

不断进行自我暗示和自我激励，即在心里提醒自己不要自卑，相信自己，并不比别人差。纵使处于不利的地位，也要鼓励自己增强自信，要知道自信会培养自信，这就是常说的"良性循环"。

4. 不要逃避对方的目光

很多人内心比较胆怯，在说话的时候不好意思看着对方的眼睛，总是出现目光游荡的情况，其实这不仅是不自信的表现，也是一种不礼貌的行为，我们一定要避免。所以在和人交流的时候，不要轻易逃避和别人眼神的交流。否则会让别人觉得你内心有鬼，而怀疑你。

5. 细节入手，不断改进

用一个笔记本逐项地记下自己经常遇到的问题，并把自己过去的经验如实地记录下来。例如，记下究竟自己在什么人的面前不敢说话，并找出原因；再仔细想一想，记下自己跟别人谈话时的情形；然后记下自己认为应该最先要改进哪一点。

每个人都要下苦功夫增强自己的说话信心，提高自己的说话魅力。因为只有如此，才会避免在社交活动中出现失败，才会避免工作、生活上的很多困难，才能促进自己事业的成功，使自己的生活变得色彩缤纷、舒心愉悦。

第七章

善待他人，营造与人良好沟通的氛围

只有善待他人，才能把自己融入人群，获得友谊、信任、谅解和支持；只有善待他人，才能调整失衡的心态，解脱孤独的灵魂，走出无助的困境；只有善待他人，你才能在人生的道路上，拥有充满快乐的感觉，踏入充满机遇的境界，走向充满希望的未来。只有善待对方，对方才愿意打开沟通之门，与我们坦诚沟通。

虚心请教，少走弯路

进入陌生的工作环境，肯定会有很多不懂的事情，这个时候就要虚心请教，提问题前先多观察身边的现象，多动脑子。在请教别人时，应当带着谦虚的态度。因为你在询问问题的同时也是在和同事沟通，增进情谊，这是一个交流的过程，而不是一个单纯的获取答案的过程。

当上司取得了丰功伟绩的时候，他周围有的是赞美声。作为下属的你如果也去这么做，就不会引起上司的特别注意。因此，明智的做法是虚心请教，你可以恭恭敬敬地掏出笔记本和钢笔，真心诚意地请他指出你应该如何努力，也可以谈论上司值得骄傲的东西，向他取经。这样做会引起他的好感，使他认为你是一个对他真心钦佩、虚心学习、很有发展前途的人。

此外，向领导和老同事请教工作，可以体现对他们的尊重。要知道，很多人都有"好为人师"的情结，他们在获得心理满足的同时，不仅不会小瞧你，反而会因为受到尊重增加对你的好感，拉近了彼此的心理距离，有助于建立良好的人际关系。

对于初创企业来讲，只有加强与同类企业的沟通，注意吸收他们在发展中的经验和教训，才能少走弯路。有些问题对于经历过的企业非常简单、明白，但对于初次遇到的企业可能就不知所措。只要抱着谦虚学习的态度，虚心请教，问题就会迎刃而解。多问、多学一点，可能比你整天冥思苦想省事、省力得多。

时刻保持一种虚心的态度，才能不断地学习，不断地进步。虚心请教的最大好处是：通过学习别人的经验和知识，可以大幅度地减少犯错概率，缩短摸索时间，使我们更快地走向成功。

一位年轻人来到了小河边，看到三个年老的长者在河边垂钓。

过了一会儿，一个老者起身，说："我要到对岸去。"于是，老者蜻蜓点水般地在水面上飞快地点了几下，就过去了，年轻人很惊讶。

过了一会儿，又有个老者也像第一个老者一样过去了，年轻人看呆了。

又过了一会儿，第三个老者也起身从水面过去了。

这下，年轻人认为自己也可以像他们一样蜻蜓点水而过，谁知扑腾一下掉到了水里。三个老者把年轻人救起，问他为什么会掉到水里，年轻人把他的想法说了出来。

三个老者哈哈大笑："年轻人，我们在这条河上走了几十年了，对河里的每一块石头都非常熟悉，所以，我们可以很轻松地过河。你不熟悉，就一定会掉到水里去的。"

成功与失败是我们最好的老师。那些自以为是的人不肯虚心向人请教，结果只能处处碰壁，像这个年轻人掉进水里一样。

每个人在生活和工作中都有自己的优点和长处，都有值得别人学习和借鉴的地方。年轻人要尊重老同志，虚心请教，遇事要征求他们的意见；和领导沟通时，要向领导虚心地请教，比如公司期望自己发展的方向，目前自己做得让人不太满意的地方等，要有诚意地问自己的领导，自己的弱点在哪里，应如何进行提高和改进等，从领导那里得到一些指导。只有不断地挑战自己，才能得到快速成长。

正如一句谚语所说："在你困难的时候，你曾经帮助过的人不一定来帮助你，而曾经帮助过你的人还会来帮助你。"从心理学的角度讲：一个人在给别人一个小小的帮助后，一般来说，他

愿意做出更多的帮助，因为一个人在帮助了某个人之后，便会说服自己去相信被帮助者是应该得到帮助的。

虚心向别人请教和学习，发现自己的不足之处，可以让我们学到处理问题和思考问题的经验、方法，使自己时刻保持清醒的头脑，认清自己的位置，积极地追求进步。

善于寻求共同点

从某种意义上说，沟通的艺术就是寻找共同点的艺术，共同点包括共同利益、共同认识、共同兴趣、共同心情、共同感受等。共同点寻找得越多，双方的沟通就越充分，效果也就越好。

如果你是一位企业的领导者，在与员工沟通时，就要让员工感觉到与你有共同点。在一个企业，要使每一个员工能够在一个共同目标下，协调一致地努力工作，就离不开有效沟通。总体来说，有效沟通的关键是寻找和建立共同点，以便发展一种认同感。领导寻求共同点，等于接受了对方，认同了对方，于是对方也就情不自禁地接受了领导，认同了领导者。

学校的校长在与教职员工的交往中，要注意不能"话不投机半句多"，要运用类比、对照的方法，努力寻求与教职工的共同点。与教职工的共同点越多，越易于形成良好的人际关系。

任何有效的沟通都要建立在一个双方共同认可的平台，也就是要有一个共同点，只有基于此的交流和沟通，才能引起沟通双方思想和感情的共鸣，达成共识。

例如，当与客户沟通时，首先要对彼此之间的共同点有总体把握，不要畏惧困难；其次，要相信与客户没有不可调和的矛盾，都是同一目标下的不同认识，一切都是可以沟通的；再次，要设法找到沟通事宜与共同点存在的联系，使对方认同并在此基础上求同存异；最后，要以共同点为平台，引导客户兼顾长期利益与眼前利益的关系，做好两者之间的统一和协调。

为了打破沉默的局面，开口讲话是必需的，有人以打招呼开场，询问对方籍贯、身份，从中获取信息；有人通过听说话的口音、言辞，侦查对方情况；有的以动作开场，边帮对方做某些急需帮助的事，边以话试探；有的甚至通过借火吸烟，也可以捕捉到对方的信息，进而找到共同点。

两个年轻人从某县城上车，坐在相邻的座位上。其中一人问对方："在什么地方下车？"

"到南京，你呢？"

"我也是，你到南京什么地方？"

"我到南京山西路一个亲戚家有事。你是当地人吧？"

"不是的，我也是到南京走亲戚的。"

经过双方的"火力侦察"，双方都对县城熟悉、都对南京了解、都是走亲戚的共同点就清楚了。两个人发现双方共同点后，谈得很投机，下车后还互留了联系方式，并邀对方到家做客。

对于绝大部分人来说，共同点会产生安全感和亲近感，这是因为人们具有认同的心理趋向。和初次见面的人，如果能借闲谈机会，找出任何沾亲带故的关系，就会尽快消除不安全感，双方的警戒心也会随即逐步消除。这种强调双方共同之处的说话诀窍，能在谈话中立竿见影，取得不错的成效。

不守信，就没人信

从前，济阳有个商人过河时船沉了，他抓住一根大麻杆大声呼救，有个渔夫闻声而至。商人急忙喊："我是济阳最大的富翁，你若能救我，给你 100 两金子。"

待被救上岸后，商人却翻脸不认账了。他只给了渔夫 10 两金子。渔夫责怪他不守信，出尔反尔。

富翁说："你一个打鱼的，一生都挣不了几个钱，突然得 10 两金子还不满足吗？"渔夫只得怏怏而去。

不料，后来富翁又一次在原地翻船了。有人想去救他，那个曾被他骗过的渔夫刚好路过，说起了那次商人说话不算数的事情，于是没有人愿意去救商人了，商人最后被淹死了。

商人两次翻船而遇上同一个渔夫是偶然的，但商人的下场却是在意料之中的。因为一个人若不守信，便会失去别人对他的信任。所以，一旦他处于困境，便没有人愿意出手相救。失信于人者一旦遭难，就只能坐以待毙。

信任，是对对方的一种尊重，是相互的。

例如，在工作中，领导和下属彼此之间建立相互信任的关系，才有可能合作。领导应该给予下属充分的信任，不干预下属职责范围的工作，为下属创造良好的工作环境；下属也要将公司的目标和利益放在第一位，尽量为企业创造价值，重大决策与领导协商，以争取领导的理解和支持。领导只有充分地信任下属，才能换来下属对领导的信任。"用人不疑，疑人不用"就是讲的这个道理。

又比如说，朋友之间的友谊贵在信任。一个值得交的朋友，是需要一辈子长久经营的。在这么长的相处时间里，彼此之间的信任是最重要的依靠，当两个人不能互相信赖，产生了猜忌和怀疑，友谊就很难长久。

那么，怎样才能获得对方的信任呢？

1. 要说话算数

秦末有个叫季布的人，一向说话算数，信誉非常高，许多人都同他建立了浓厚的友情。当时甚至流传着这样的谚语："得黄金百斤，不如得季布一诺。"（这就是成语"一诺千金"的由来）后来，季布得罪了汉高祖刘邦，被悬赏捉拿。结果他的旧目的朋友不仅不被重金所惑，而且冒着被诛九族的危险来保护他，使他免遭祸殃。可见，一个人诚实有信，自然会得道多助。反过来说，如果贪图一时的安逸或小便宜，而失信于别人，表面上是得到了"实惠"，实际上却为了这点实惠毁了自己的声誉，而声誉比物质重要得多。所以，失信于别人，是得不偿失的。

2. 靠自己的能力

取得别人的信任，还要靠自己的能力。如果具备值得别人肯定的素质，同样会得到别人的喜欢。就像 NBA 球员一样，如果能发挥稳定并且有好的表现，就会得到队友、教练等人的信任。所以，能力是占第一位的，无论做什么事情，具有很强的能力，总会赢得尊重，获得别人的肯定与信任。

3. 改变姿势

当你和别人交流的时候，不管对方是谁，如果你看到对方身体采取了一种姿势，你可以不动声色地换成和他一样的姿势。当他改变的时候你也跟着改变，这其实很难被人觉察到，但是会建立起一种彼此间的信任感，加强他对你的好感，使沟通更容易。因为人的思想是跟随身体而改变的，即使自己没有意识到。

此外，对于第一次见面的人，要坦诚地去对待你面前的人，当你对别人以诚相待时，别人也会以同样的方式对待你。

交谈以对方为中心

"交往以对方为中心"，是现代沟通的第一法则，也叫"里尔法则"，由法国社会心理学家里尔最早提出。里尔法则的实质，就是要尊重别人，尊重别人就要尊重别人的价值观和选择。里尔法则指导我们，说话做事都不要忘记考虑对方的感受，这一点同样体现在沟通的方方面面。

也就是说，在交谈中，我们应遵循双向共感规则。这一规则具有两重含义：第一，它要求人们在交谈中，要注意双向交流，并且在可能的前提下，要尽量使交谈围绕交谈对象进行，无论如何不要妄自尊大，忽略对方的存在；第二，在交谈中谈论的中心内容，应使彼此双方皆感兴趣，并能够愉快地接受，积极地参与，不能只顾自己，而不看对方的反应。第一点强调的是交谈的双向问题，第二点强调的则是交谈的共感问题。说到底，就是要以对方为中心。

耶鲁大学教授威廉·菲尔普斯8岁时，有一次到姨妈家度周末。那天晚上有位中年男客来访，跟姨妈寒暄完后，就和菲尔普斯聊起来，那时菲尔普斯非常热衷帆船，对方似乎对帆船也很喜爱，于是一直以其为话题，两人很快就成了好朋友。

客人走后，菲尔普斯对他大加赞赏："他对帆船感兴趣，我好喜欢他。"

姨妈却告诉他："他其实是一位律师，对帆船一点也不感兴趣。"

"那他为什么一直都在谈帆船呢？"

"因为他是一个很会沟通的人，他觉得你对帆船感兴趣，就谈一些会使你高兴的事。"菲尔普斯这才恍然大悟。

每个人在和他人交谈时都会有一种自我表现的欲望，希望较早较多地把自己的想法或者自己了解的事实告诉对方。所以，很多人习惯地把自己的思想、经历和感受作为谈话的主要内容，从而给人留下一个自大、自负的印象，而这种人总是不受欢迎，交谈以对方为取向就是为了不给对方以自大、自负的感觉。

仅仅一面之交，就想与对方成为亲密朋友的最好方法，就是跟对方交谈。我们都知道，一个人最愿意谈论的，而且也是最关心的话题，莫过于个人的一切事情。让对方有机会说话，如果能使对方谈到让他感到有兴趣的事情时，就表示已经很巧妙地吸引了对方。再以问答的方式诱导对方谈论有关他个人的生活习惯、经验、愿望、兴趣等问题。只要肯花一点时间，让对方畅所欲言地叙述自己的事情，那么就有可能成为莫逆之交。

例如，在商务交往过程中，务必要记住以对方为中心，放弃自我中心论。请客户吃饭的时候，应该首先征求客户的意见，爱吃什么，不爱吃什么，不能凭自己的喜好，主观地为客户订餐。如果客户善于表达，可以夸他说话生动形象、幽默，或者又有理论又有实践，但你不能说："你真贫，我们都被你吹晕了！"

一个人说话时往往会说"我是这么说的""我是这么想的""我认为""我觉得""我的看法"等，大家好像已经习以为常，没有觉得有什么不妥之处，其实这是个误区。要取得交际的成功，就必须达到互动，就应该以对方为中心。

交谈以对方为中心，主要可以从几个方面得以体现：

在交谈内容的选择上，以对方感兴趣的话题或者对方的思想、经历和感受为主要谈话内容，不应谈对方不熟悉或者讨厌的话题，多给别人创造表现的机会，尽量少谈自己的思想、经历和感受。

在语言使用上，尽量避免讲"我"，多讲"你"（在一般情况下"我"字可以省略不讲，在无法省略的地方，可以用"我们"代替"我"，而在用"我们"代替可能会引起误解的时候，则"我"字应讲得又轻又快）。

在交谈过程中，适当称呼对方的职位称呼或名字，会让对方感觉到受尊重和重视。

巧妙说"不"有学问

拒绝是一门学问。有时候，我们心里很不乐意，本想拒绝，但是碍于一时的情面，最终点了头，给自己留下了不愉快。所以，如何拒绝别人至关重要，温和而坚定地说"不"就能解决问题。把握好这一点，将有利于提高工作效率和生活质量，从而构建更友好的人际关系。

生活中有人开口让你帮他做一件难度很大的事情，答应可能要连续加几个晚上的班才能完成，而拒绝面子上又实在推不开。这个时候，就要仔细地倾听别人的请求，并且在认为自己应该拒绝的时候，要温和而坚定地把"不"字说出来。这种拒绝的方法就好比是药丸，外面裹上糖衣的药，就比较让人容易入口。同样拒绝的时候，温和一点，委婉一些，都比直接说出来更让人容易接受。

例如，在职场上，当同事的要求不符合公司或部门规定时，就要委婉地表达自己的工作权限，并暗示如果自己帮了这个忙，因为超出了自己的工作权限，会违反公司的有关规定。一般来说，同事听你这么说，一定会知难而退，再想其他办法。

在谈判中，有时对方提出的要求或观点与自己的相反或相差太远，这时就需要拒绝。但说"不"时，不能板起脸来，态度生硬，以免使谈话陷入僵局。如果选择恰当的语言、恰当的方式、恰当的时机，而且留有余地，巧妙地说"不"就会使谈话达到满意的效果。

所以，大胆地说出"不"字，是相当重要却又不太容易的。以下是几种如何说"不"的方法：

1. **直接面对法**

直接向对方陈述拒绝对方的客观理由，包括自己的实际状况不允许、某些条件限制等。通常这些状况是对方也能认同的，因此较能理解你的苦衷，自然会自动放弃说服你，并认同你的拒绝。

2. **迂回转折法**

善于利用语气的转折，如先向对方表示同情，或给予赞美，然后再提出理由，加以拒绝。

3. **身体语言法**

一般而言，摇头代表否定。在交谈时，突然中断笑容，也同样暗示着无法认同和拒绝。类似的还包括目光游移不定、频频看表、心不在焉等，但切忌伤害到对方的自尊心。

4. **迟迟未答法**

交谈中，只是一再地表示"研究研究"或"考虑考虑"，迟迟没有回答，也是一种拒绝别人的方式。

运用好询问的技巧

在沟通中，当对方行为退缩、默不作声或欲言又止的时候，可以用询问的方式，引出对方真正的想法，从而了解对方的立场以及对方的需求、愿望、意见与感受。

例如，管理者在与下属沟通时，可以以聊天的方式开头，比如"最近工作如何""最近累不累"等。这样的询问，一方面为要说的话铺了路，另一方面还可以营造自然的谈话气氛。询问之后，管理者要积极地倾听，同时，也要注意简单地复述已听到的部分，以确定没有听错下属的意思，这么做是让下属知道你真的在乎他们的谈话，容易让下属对自己产生好感，从而诱导下属发表意见，了解他们在工作中产生的问题、遇到的困难、出现的思想波动等。善于询问的管理者，才能做好团队的沟通工作，把大家团结起来，共同前进。但是，有些管理者只是不断地说，从来不管下属的心情。这样的管理者，很难了解到真实的情况，而且下属在面对这种永无止境的说教时，也会觉得兴趣索然。

又比如说，很多业务员在拜访陌生客户时的成功率比预期要低很多，有时候甚至低于正常水平。究其原因，就是没有注意沟通的方式。巧妙地询问，在拜访陌生客户时，显得尤其重要。善于询问，可以在短短几分钟的时间里，快速了解一个陌生客户的实际需求，甚至包括他们过去经销相关产品的经验，以及现在想找什么样的品牌或新产品等，而这些重要的信息都将有助于一个业务员制订、修正自己的谈判策略，提高拜访陌生客户的成功率。

善用询问，可以根据不同的时间、地点，巧妙地安排。比如问路时，与路人的搭讪；吃饭时，单独与服务员巧妙地交流；进入商铺，留意咨询租铺的问题，倾听与询问业主的买卖情况；进入市场，与小商贩进行搭讪；走进居民区，与老大爷、老太太们地交流等。可以运用换位思考的方式，去了解对方的立场、需求和感受，从而引导对方发表意见。

在询问对方时，可以运用扩大询问法和限定询问法。采用扩大询问法，可以让对方自由发挥，让他们多说，由此知道更多的东西；采用限定询问法，则让对方始终不要远离谈话的主题，限定对方回答问题的方向。如"肖经理，贵公司的产品需求计划是如何报审呢？"这就是一个扩大式的询问法；如"肖经理，像我们提交的供货计划，是需要通过您的审批后才能在下面的部门去落实吗？"这是一个典型的限定询问法。另外，在询问时，注意千万不能犯"封闭话题"的毛病。采用封闭话题式的询问法，甚至会造成对话的中止，如"肖经理，你们每个月销售的产品大概是 6 万元，对吧？"

要运用好询问的技巧，有时也要学会"装疯卖傻"。譬如，明明知道这件事情是应该这样做的，却故意装傻，不知道或故意说错，然后听取对方的描述和解释，从而达到与人沟通的目的。

多用商量，少用命令

请求别人做事的时候，不能用命令的语气，而要用礼貌的语气。如果一味地"发号施令"，只会把事情弄得更糟。

例如，一位客房服务员如果用命令的语气对客人说："喂！不准开那扇窗！""你不能走进我们的工作间！"这样说话肯定会使客人反感。一个懂礼貌的人，上面的话就会换成商量的语气加以表达："先生，那扇窗坏了，一时未能修理好，请您不要打开它好吗？""我们工作正忙，您来工作间，弄脏您的衣服就不好了。"这样彬彬有礼的语气，客人则会乐意接受。

一位心理学家以他多年的管理经验告诫管理者："对下属不能用命令的方式，而要用询问的方式。"喜欢下命令的管理者似乎很少考虑这个问题，管理者理所当然地认为下属一定能够做好他们所要求的事情。但实际上，命令一个人做件事情是容易的，但接受命令的这个人是否愿意做好这件事情却是不确定的。作为管理者，最好能够采取询问的方式对待下属，这样既可以了解下属内心的真实想法，又可以让下属感觉更舒服一些。

身在职场中的人都能够深刻体会到：任何沟通都是双方之间的一种交流和联络，包括情感、态度、思想和观念的交流。沟通的目的并不在于说服对方，而在于寻找双方都能够接受的方法。因此，沟通的方式往往比沟通的内容更为重要。这就要求在沟通的过程中，一定要先引起对方的关注，取得对方的信任。在这个过程中，一定要注意避免使用命令式的语气，也尽量避免"我"，而要用"我们"来取代。这样会让对方觉得彼此是一体的，会为达成共识而努力。

同样，这样的说话方式也适用于家庭教育中。父母在教育孩子的时候，不要用命令的语气，避免用"我命令你……""我警告你……""你最好赶快……""你真傻""你太让我失望了"等带有指挥、命令、警告、责备、拒绝等负面意义的语气。如果需要孩子去做某件事情，可以用商量的语气跟他交谈，交谈的时候，要让他明白，你是尊重他的，他跟你之间是平等的关系。

例如，想要孩子把地上乱丢的玩具收拾整理一下，可以这么说："乱丢玩具，这是不好的习惯，你跟妈妈一起把玩具收拾一下好吗？"千万不要用命令的语气："你怎么搞的，乱丢玩具，快点去收拾好！"孩子听了你的责备，心里就会产生反感，即使按你的要求去做，也是极不情愿的。

父母学着用商量的语气来跟孩子说话，既可以增加相互的理解，也可以避免一些无谓的争吵，而且更重要的是，可以教会孩子在社会上怎样做人，怎样与人共事。

随着年龄的增长，孩子在喜好、兴趣、交友等方面的看法都会与父母产生分歧。这个时候，就要求父母对孩子的一切，不能简简单单地禁止，而应该在充分尊重的前提下与孩子商量，以求得共识或找出正确解决问题的途径。

不管孩子做了什么事情，最好用商量的口气，而不要用命令的口气。比如，提醒孩子做作业时，可以说："你现在是不是该做作业了，做完作业就可以看会儿电视。"而不要说："赶紧去做作业！"或"还不去做作业呀？"请孩子帮忙做一件事情时，比如洗菜，可以说："你能帮我把菜洗一下吗？"而不要说："快来帮我洗菜！"或"赶紧把菜洗了！"

用商量的语气和孩子讲话，孩子会认为你尊重他，关心他的感受，会对你产生好感和信任，从而促进亲子沟通。

体谅他人，解脱自己

一位哲学家曾说过这样一句话："体谅好比是一种心理解脱，体谅别人的同时，也会使自己得到解脱。"人的一生中，有许多无奈和身不由己的事情，就好比一碗满满的水一样，稍不留神就会溢出来，所以，有些事情难免会影响自己的情绪。人同此心，心同此理。得罪一个人容易，结交一个人有时比登天还难，在这种情况下，你必须要懂得控制自己，用一颗宽大的胸怀去体谅别人。

所谓"体谅"是指设身处地地为别人着想，体会对方的感受与需求。在与人相处的过程中，当我们想对他人表示体谅与关心时，我们就要为对方着想。由于你的了解与尊重，对方也会相对体谅你的立场与好意，因而会做出积极而合适的回应。

妻子正在厨房炒菜。丈夫在她旁边一直唠叨个不停："慢些，火太大了，赶快把鱼翻过来，快铲起来，油放太多了！把豆腐整平一下，锅子歪了！"

"请你住口！"妻子脱口而出，"我懂得怎样炒菜！"

"你当然懂。"丈夫平静地答道，"我只是要让你知道，我在开车时，你在旁边喋喋不休，我的感觉如何。"

体谅别人是一种美德，体谅是实现幸福的途径，体谅作为发自内心的理解，实际上是自我心理的解脱和排遣。换个角度讲，你体谅了别人，就等于释放了自己，改善了自己的心境。当与别人发生矛盾时，甚至别人对自己有所伤害时，我们应该心胸豁达，体谅别人，不可莽撞，乱发脾气。

体谅是一种最有效的心理良药，能使人摆脱不良心境的困惑。所以，当工作中遇到不顺心的事，在还没有了解事情原委之前，要好好想一想。为了不使自己陷入烦恼，或是给他人带来不悦，不妨先为自己或对方试想一下，为对方找个能得到自己体谅的理由。生活中也是一样，找几个可以让自己平稳心情的理由先说服自己，自己心情好了，做事也就好了，做起事来也轻松，不觉得吃力。

从心理学上讲，幸福和快乐关键在于自己，其实幸福和快乐就在自己的心中，在于自己对人、对事的态度。体谅作为一种内心的愉悦体验，是获得幸福快乐的最快途径。

有礼貌地挂电话，以示尊重对方

如今，电话已经成为我们日常生活和工作中必不可少的一部分，很多人天天都会接打电话，但对于通话结束后怎么挂电话这个问题，很多人并不知道。也许大部分的人会这样想：谁先打电话的，就谁先挂电话。其实不然，懂得如何挂电话这个小小的细节，可以提升自己的个人修养。养成良好的挂电话习惯，更有助于提升个人魅力。

例如，销售员在客户询问完所有的问题，并作了详尽的回答之后，双方通话就要结束了，千万不要说"如果没有其他的事，那就这样吧"，以此催促客户结束谈话，表现出你的不耐烦。记住，要尽量向客户表现出你的关心，可以说："先生，您看除此之外，还需要其他什么服务吗？"或"先生，我一定在今天下午三点之前，把您提到的一切要求以书面的方式传真给您确认。"

如果客户真的没有其他的要求，他会主动结束谈话。

在对方还在说话时就挂断电话，是非常不礼貌的，一定要等到对方把话说完之后才可以挂电话。电话交谈完毕时，要让对方感受到你非常乐意帮忙，并尽量让对方结束对话，然后彼此客气地道别，这个时候就应有明确的结束语，说一声"谢谢""再见"，再轻轻挂上电话，不可只管自己讲完就挂断电话。若确实需要自己来结束电话，应当解释一下。

电话沟通结束后，一定要让对方先挂电话，这是对别人的一种尊重。待对方说完"再见"后，等待2~3秒钟才能轻轻挂断电话。假如，你是一个集团的分公司经理，给总部打电话，恰好接电话的是一个小职员。虽然从职位上来讲，你比小职员的职位高很多，但作为总部和分公司之间的领导性质关系来说，让对方先挂电话，更能体现出你的职场修养和领导风范。

同时，挂电话的一些基本礼仪常识也要牢记：与异性互通电话后，作为男方从礼节上，理应先让女方挂电话，这显示出你对对方的一种关心及尊重，也加深了对方对你的良好印象；上下级或长辈与晚辈之间通话时，应由上级或长辈先挂断电话；如果是同事或朋友之间打电话，那么谁先拨叫对方就由谁先挂断。

无论通话多么完美得体，如果最后毛毛躁躁"咔嚓"一声挂断电话，则会功亏一篑。因此，结束通话时，应慢慢地、轻轻地挂断电话，不要嘟嘟囔囔，更不要采用粗暴的举动，拿电话撒气。

有的人或许认为挂电话的声音不大，但是经过电话线的传递，电话那头听起来的声音可能远比自己认为的声音大出了数倍。

如果对方听到你放置话筒所产生的刺耳声音，首先感到的是你对这次谈话或交谈者感到不满或者不耐烦，于是，对之前谈话你所表现出来的诚意及良好印象就会大打折扣；其次会让对方觉得你在处理事情时，较为粗枝大叶，对你的信任度也会大大降低。

尊重别人也是尊重自己

与人相识、相交，最重要的一条是要学会尊重，有道是"人敬我一尺，我敬人一丈"。只有尊重别人，才会得到别人的尊重。尊重别人是一种素质，是一种修养，是一种智慧，是一种胸怀，它体现为理解、信任、团结、平等。学会尊重别人可以给人以自信，给人以力量，给人以温暖。

1979 年的夏天，高考前，北京广播学院提前面试招生，初试那天，李瑞英找了篇短文临时抱佛脚，在校门口，她遇见一位白发老人，从穿着上看此人可能是个看门的。李瑞英心想，即使是个看门的，耳濡目染也差不到哪里去，何不请他帮忙听一听我的发音。

老人家见李瑞英又礼貌又诚恳，不但没有拒绝，居然还帮助她纠正了几处发音。末了，老人家笑着对她说："还不错，十有八九能考上，但还须努把力。"

万万没想到，一进考场，主考官的位置上赫然坐着被李瑞英误认为是"看门老人"的那位长者。后来知道，他就是播音界的权威人士张颂教授。本来没有任何负担的李瑞英轻松回答，沉着应对，结果，她竟以优异的成绩叩开了播音学府的大门。

尊重他人，是对别人的尊重，也是对自己的尊重。例如，在现代企业大力倡导"以人为本"的企业文化的大背景下，尊重员工成为企业领导者必备的一项基本素质。企业领导者无论是上司还是下属，都要保持谦逊和礼貌的态度。而把自己位子看得很重，对下属颐指气使、呼来唤去的人只能引起下属的反感和厌恶。你想让下属怎样对待你，你就要怎样对待下属，要想赢得下属的尊重，就应该首先尊重下属。著名的马斯洛需要层次理论，也将尊重和被尊重看作是人的一种高层次需求，所以领导者要将尊重员工看作是提升自身形象，满足职工需求，提升企业整体凝聚力和竞争力的重要途径。多用一些敬语不仅不会给你带来伤害，反而会提升你的亲和力和人格魅力，如"小张，请你来我办公室一下"和"小张，过来一趟"就有很大区别，多一个"请"字感觉会大不相同。

一个男孩去牧场放奶牛，他和奶牛登上一座高山，一道山谷出现在他的面前，男孩开始一边吹奏芦笛，一边在为他的牲口寻找鲜嫩可口的草料。这时，从远处传来一片回声。男孩不知道这是怎么回事，他朝四处张望，却不见一个人影，男孩不知道究竟是谁在说话。

"你是谁？"他喊道。"你是谁？"那边也喊道。

"上我这儿来！"男孩喊道。"上我这儿来！"回声说。

"我不能！"他说。"我不能！"那边也说。

男孩以为是陌生人在捉弄他，于是他开始骂对方，对方也开始骂他，双方互不相让。

这时，一个采药老人恰好从此路过，男孩问："请告诉我，你认识那个男孩吗？他为什么在那边森林里骂我？简直把我当成了傻瓜，不停地朝我嚷叫。他这样骂我，可我又没有得罪他；现在我实在是忍无可忍了，我恨不得教训教训他。但愿他会来这里，如果他同我一般大，我非揍他一顿不可！"

"别这样，孩子！"采药老人说，"我听得一清二楚，这场争端是你先挑起的。你谩骂别人，别人也会回敬你，你只是自食其果！"

尊重别人不是同情、怜悯，更不是赏赐，帮助别人等于帮助自己，尊重别人也等于尊重自己。尊重不是单向的，而是相互的。夫妻在朝夕相处中学会尊重对方，才能使爱天长地久；同事之间在工作生活中学会尊重对方，才能使友谊之树常青；邻里在相互谅解中学会尊重对方，才能和睦相处；上级长辈在批评中学会尊重对方，才能使其认识错误，不断成长进步；在商场激烈的角逐中尊重对方，才能为自己赢得信誉和商机。

多用赞美，少用批评

赞美的话人人爱听。美国著名作家、幽默大师马克·吐温曾说过："一句赞美的话能当我十天的口粮。"美国第 16 任总统林肯也曾经说："人人都需要赞美，你我都不例外。"

在潜意识里，我们都渴望别人的欣赏，渴望赞美。这是每个人都会有的渴望。由此及彼，别人也渴望我们赞美。所以，赞美别人是处世法宝。但赞美别人并非易事，倘若过了头，则有逢迎拍马之嫌，话语不中肯又会沦为敷衍了事之举，如何拿得准，的确是一门学问。

譬如，有人送你一只花瓶，你说一句感谢的话自然是必需的，但道谢的同时再加以对花瓶的称赞，赠者会更高兴。"这花瓶的式样很好，摆在我的书桌上是再合适不过了！"称赞隐喻对方的选择得宜，他听到一定更高兴，说不定下次还有另外送一件东西给你。

沟通中不乏赞美之词，在与下属沟通中它的作用显得尤为突出。在与下属的沟通中，如果只提短处而不提长处，就会感到心理上的不平衡，感到委屈。如一名工作人员，平时在工作中很有成效，偶尔出了一次错误，如果批评他工作不负责任，而不肯定以前的成绩，他就会感到以前"白干了"，从而产生抵抗的心理。如果我们先就他以往的表现给予赞扬，再指出此次的错误，如"你以往的表现都优于一般人，希望你不要再犯这样的错误"，那么他就会放弃心理上的抵抗，更容易接受你的批评。

某公司的一个清洁工，本来是一个最被人忽视、最被人看不起的角色，就是这样一个人，却在一天晚上公司保险箱被窃时，与小偷进行了殊死搏斗。

事后，有人为他请功并问他的动机时，答案却出人意料。他说：当公司的总经理从他身旁经过时，总会不时地赞美他"你扫的地真干净"。

正是这么一句简简单单的话，就使这个员工受到了感动，并为了保护公司的财物不惜生命。

用赞美来代替嘲讽，是最有效的快乐秘方，尤其是在与孩子的沟通中。父母不要轻易责备孩子，赞美应多于责备这一点尤为重要。孩子都需要被认可，都需要觉得自己重要，他们天生都渴望得到他人的赞赏，同样也都惧怕责难。孩子做了什么错事，例如与别的小朋友打架、打坏了什么东西或者将别人的东西偷偷拿回家，这时，不要只是责备，而要多鼓励孩子。一味地批评是无法有好效果的，先讲其优点，再分析孩子的错误，多鼓励孩子要牢记教训，不要再犯，这样就能达到好的效果。赞美孩子每一点进步，会让孩子成为一个自信的人，从而使孩子更好地成长。

在赞美别人的时候，以下几点要注意：

1. 必须秉承真诚的原则

只有名副其实、发自内心的赞美，才能显示出它的光辉。赞美的内容应该是对方拥有的、真实的，而不是无中生有的，更不能将别人的缺陷、不足当作赞美的话题。

2. 语言简洁、朴实

赞美要用简洁、明了、平和、朴实的语言，而不要用模棱两可或过于夸张、露骨的语言去赞美对方。这样容易让对方觉得我们缺乏诚意，甚至虚伪。

3. 赞美的时机也很重要

一是当你发现对方有值得赞美的地方，就要善于及时大胆地赞美，千万不要错过机会；二是在别人成功之时，送上一句赞美，就如锦上添花，其价值可"抵万金"，考了好成绩，评上先进，受到奖励……这时，人的心情格外舒畅，如果再能听到一句真诚的夸赞，其欣喜之情可想而知。

4. 不要当着众人的面赞美某个人

当你面对众人赞美其中某一个人时，很可能会伤害在场的其他人，即使你是无意的。只有当你确认你对某一个人的赞美不会伤害在场的其他人时，你才可以当着众人的面去赞美他。

第七章　善待他人，营造与人良好沟通的氛围

。第八章

情感对话，从关爱的角度说服对方

在生活中，我们需要亲情的呵护与温暖，我们需要爱情的甜美与相守，我们需要友情的相知与关怀。主动与亲密的人交流，需要我们与他们建立共鸣，从不同方向去说服他们。只有这样，美好的情感才会跟我们相依相随。

学会适时地给对方个台阶

生活中，每个人都有可能犯错误，也都有可能陷入尴尬的境地。给人一个台阶，促进良性沟通，这也是与人沟通中应遵循的原则之一。

家庭中有争执是正常的，因为没有两个人会有绝对相同的思考方式。正是在争执中，两个人才需要沟通、加深理解。但在争执的过程中，学会适时地给对方一个台阶，这样就不会让家庭战争升级，就能把争执变成感情投资；相反，如果一味地步步紧逼，互不相让，那一定会让感情受损。

小月和老公的钱平时是放在一起用的，因为要还房贷，还要买车，所以他们商定每月每人支取一定数目的零用钱，剩下的存银行。老公经常抱怨说他们公司没有男人把钱交给老婆的，大男人用个钱都要问老婆，丢人不丢人？为此吵过好多次。

一日，俩人又为此吵架。小月喊道："离婚！"老公懒洋洋地说："法院就在前面，要不要我告诉你法院门在哪里开？"小月暴怒，跑到房里，花费了半个钟头，把离婚协议书写好，这时他来敲门："你在里面做什么？这么久没动静？"小月气鼓鼓地拿出离婚协议书给他看，他看了一遍，说："你这离婚协议书写得好正点啊，我每个月出5000块，分期付款40年把它买下来了。"

小月一下子就笑了，两个人就这样和解了。

男人的幽默不仅让盛怒中的小月找到了"顺阶而下"的机会，同时也给自己解了"离婚之围"。而做老婆的，也要把握好下台阶的时机，老公有时候不一定会亲口说出"我错了"之类的话，得了便宜，与其乘胜追击，不如卖乖。

她和他是大学同学，毕业的时候，穿上高跟鞋也不过一米五多一点的她嫁给了身高一米八的他。拍结婚照时，两个人站在一起，她还不及他的肩膀。摄影师把他们带到有台阶的背景前，指着他说："你往下站一个台阶。"他下了一个台阶，她从后面环住他的腰，头靠在他的肩上，附在他耳边悄声说："你看，你下了一个台阶我们的心就在同一个高度上了。"

结婚后数不尽的琐事，让他们有了哭闹和纠缠，每一次都是以他的退让而和好。终于，一次大吵之后，他离开了，他说吵来吵去，他累了。收拾了东西，自己搬到单位的宿舍里去住。留下她一个人，想到以前每次吵架都是他百般劝慰，主动下台阶跟她求和，现在他终于厌倦了，他再也不肯努力去找台阶了。

那天晚上，她辗转难眠，翻开结婚照，她忽然想到，每次吵架都是他主动下台阶，而她却从未主动去上一个台阶。婚姻是两个人的事，总是他一个人在下台阶，距离当然越来越远，心也会越来越远。其实，她上一个台阶，也可以和他一样高的。她终于拨了他的电话，只响了一声，他便接了。原来，他一直都在等她去上这个台阶。幸福有时候只需要一个台阶，无论是他下来，还是你上去，只要两个人的心在同一个高度和谐地振动，那就是幸福。

爱情，很多时候只是一些小问题，特别是在婚姻中，一些事情谁对谁错，其实彼此都心知肚明。不要太在意那个胜利，需要做的是给对方留一个台阶，让对方慢慢地接受或者认可你的想法。天下恩爱的情侣，都懂得给对方台阶下。

第八章　情感对话，从关爱的角度说服对方

学会调适爱情

初恋的激情过后，爱情常常随着时间的侵蚀变得淡而无味。更多的人，对于爱情更是三年热，七年冷。聪明的人应该是爱情的厨师，知道适时地在生活中加入酸甜苦辣咸的调味品，学会让爱情变成美丽的童话。

调适爱情，以下小窍门要掌握：

1. 保持神秘感

不管你对他多么感兴趣，切忌表现得太过急躁，让他永远对你保持好奇心，才是维持恋情常温之道。不管你仅仅认识他 1 分钟，还是已长达 10 年，适当地保留一些小秘密，将会让你的生活充满意外的惊喜。

2. 每天吻对方多一些

爱人间的肌肤亲昵是维系感情的重要部分。如果在清晨出门前，给对方一个悠长（最好是 10 分钟）的甜吻，对方会一天都记得你的味道，好像你从没离开过似的。

越是多年的夫妻，越应该在接吻上多用点心思。

3. 流眼泪

如果你是女人，要知道，眼泪是女人制服男人的有力武器，同样也是男人在无法解决问题时的应急手段之一。眼泪的多少，眼泪在何时流，都要根据情况而定。特别是两个人因为意见分歧闹得不可开交时，与其硬碰硬，还不如运用"泪弹攻势"来化解僵局，很多时候，泪水是结束战争的最佳武器。

4. 别松开彼此的手

身体接触是感情升温的催化剂，只要有可能，最好以小动作增加两人的接触：在过马路的时候紧紧拉住对方的手，适时轻拍对方的手背表示赞同，靠着对方的肩头说好困，让你俩的膝头不时相触，等等。这些举动都会令对方觉得你需要他。

5. 适当地嫉妒

嫉妒就是"吃醋"，一个不懂得"吃醋"的人，就不懂得品味爱情。适时且恰到好处的嫉妒，可以证明你对对方的爱与重视，满足对方的虚荣，让对方享受一下被"醋劲"宠爱的滋味。当然，这种"醋意"最好是陈年老醋，一次解决问题，不能无端地猜疑。

6. 结婚了还要约会

感情是需要用别出心裁的约会来打气的，无论再怎么忙，也要保持你俩的约会。不要带孩子，更不要呼朋唤友，就你们俩。在短程旅行时，你可以故意早一天出发，或者从不同地点出发，然后与他约定在某个彼此都陌生的地点会合，制造出时间与空间的距离感。他在寻找你的过程中，因为有许多未知与等待，会增强急切想见到并拥住你的情感。

7. 适时地撒娇

没有一个男人可以抗拒女人的撒娇，不管他的年龄有多大。女人有时任性或者"赖皮"，可以增加感情的"蜜"度。当然，撒娇也并非女人的专利，尤其是平时总是充满男子汉气概的大男人，回到家里装上几分可爱，在床上撒撒娇，可以让你的女人永远不想和你离开。

要尊重你的伴侣

不要用自己的标准来评判你的伴侣，不要尝试按自己的观点改造对方。如果能用开明的心态看对方，你将发现你的配偶比你想象的更有能力，对你的帮助比你想象得多。对彼此的欣赏与接纳可以治愈婚姻中的任何伤痕。

英国大政治家狄斯瑞利在35岁前没有结婚，后来，他向有钱的寡妇玛丽安求婚，这是个年纪比他大15岁的寡妇，一个经过五十寒暑、头发灰白的寡妇。使人们难以理解的是，狄斯瑞利的这桩婚姻，却被人称颂为最美满的婚姻之一。

这个寡妇既不聪明也不漂亮。她的谈话，常会犯文学上、史实上的错误；衣饰装扮，更是离奇古怪；对屋子的陈设，也是一窍不通。可是，她在对待婚姻和在对待一个男人的事情上，是一位伟大的天才。她从不让自己所想到的跟丈夫的意见对峙、反叛。狄斯瑞利跟那些敏锐反应的贵夫人们对答谈话，而精疲力竭地回到家里时，她立刻使他有个安静的休息环境。在这个愉快的家庭里，在相敬如宾的气氛中，他有个静心休息的地方。每天晚上，他从众议院匆匆地回家来，他告诉她白天所看到、所听到的新闻。最重要的是，凡是他努力去做的事，她绝不相信他是会失败的。虽然玛丽安并不完美，可是狄斯瑞利够聪明地让她保持原有的她。

可见，成功的婚姻不只是寻找一个适当的人，而是自己该如何做一个适当的人。

生活中，聪明的妻子不是改造丈夫，而是在共同点上求得生活的快乐，试图改造只能造成夫妻的感情危机。

其实，男人总是像长不大的孩子，他们贪玩、好奇、冒险。女人则喜欢平静地生活，对男人的"野"总是无法忍受，决意改造。不少几十年的夫妇，都不同程度地上演着改造与反改造的拉锯战。女人总是执迷不悟，她们将女性的耐力发挥到极限，只要还有一口气，就要对男人指手画脚，横挑鼻子竖挑眼。但男人不是面团，可任女人捏成理想的形状。

男人一生中，除了事业，最大的乐趣就是交友玩耍。而女人最怕男人热了朋友冷了自己，所以对男人的朋友总是心怀敌意，通通贬之为"不三不四""狐朋狗友"之类。但男人只要情投意合，玩得到一块儿，照玩不误。

男人玩得太晚，回家时女人总是横眉竖眼，厉声喝问："又干什么去了？"男人在外面玩够了，本是怀着十二万分的小心，原想回家和女人温存一番，一见女人那阵势，就什么心思都没了，只冷冷地回一句："没干坏事。"然后不再吱声，该干什么就干什么。

当一个男人在外面没朋友，成天围着老婆转，一旦碰上什么事，束手无策，又找不到人帮忙时，女人也气，气男人太窝囊，简直不像男人。当一个男人对女人百依百顺时，女人却一点也看不起自己的男人。有时会歇斯底里地冲男人大吼："什么时候你能在我面前说一声不！"

每个人都有自己的个性，世上无统一的好男人标准。但女人却要凭理想改造，把男人弄得像赵家的一样有权、像钱家的一样有钱、像孙家的一样温顺、像周家的一样潇洒、像武家的一样不喝酒、像王家的一样不吸烟，想将所有男人的优点都集于自家男人一身。其实，这是不可能也是不现实的。

可以说，女人永远也改造不出自己理想中的男人。同样，男

人永远也改造不出自己理想中的女人。所以，要想保持婚姻的幸福，就要尊重你的伴侣，不要尝试去改造你的伴侣。

父母要给孩子说话的机会

"我想与孩子沟通，可孩子不与我谈；我等着孩子与我交流，但孩子却不来。"这是许多父母目前与处在青春期子女难以交流而发出的感叹，也是他们遇到的最头痛的问题。在父母与孩子的沟通中，父母找准自己的位置，才能处理好与孩子之间的关系。

在人生的竞技场上，孩子只能靠自己努力。父母既无法代替孩子，也不该自作主张去当"裁判"。

孩子的内心世界丰富多彩，父母除了应该给孩子一种保持良好竞技状态的力量，更要积极地影响与教育孩子，不了解其内心世界便无从谈起。而了解孩子的第一要诀是呵护其自尊，维护其权利，成为其信赖和尊敬的朋友。即父母对待孩子，要像对待自己的朋友一样，了解内心需求，既要善于发现和赞美孩子，还要引导孩子正确面对失败，面对挫折，做孩子的战友。

生活中，父母更需要对孩子进行爱心的倾注与交流。所谓对孩子的爱，不仅仅是指给孩子吃好喝好，更需要父母多花些时间与孩子共同娱乐与谈心。听听孩子讲学校的事情，看看孩子最近画的漫画，与孩子一起跳跳绳、打打球、下下棋，这都是与孩子间很好的交流机会。作为父母，不要一味以严父严母的面孔出现在孩子的面前，不苟言笑只会让孩子对你敬而远之。父母要合理地指导孩子科学安排时间，让孩子有条不紊地学习、活动、休息，这样才有利于提高孩子的学习效率和身心健康。父母不要以长辈自居，要有平等之心，设法与孩子做朋友，相互沟通，开展谈心活动，这样才能在轻松愉悦之中沟通情感与思想。

孩子常常对父母的规劝表现出逆反心理，他们觉得自己不需要大人管教，而是应当帮他们出主意、教他们处理问题的方法。当孩子将生活学习中的快乐与兴奋告诉父母时，遇到的是猜疑、训斥与泼冷水，孩子以后就会干脆不说或少说。

孩子更多的时候，是需要一个顾问、一个参谋，帮他们出主意、想办法，帮助他们选择正确的处理问题的方法，直到他们学会依靠自己的智慧摆脱困境，做出正确的选择。为此，父母应该尊重孩子的意见，给孩子说话的机会，尽可能地让孩子发表自己的意见和看法，让孩子感受自己在家庭中的重要性。

用耐心培养孩子的耐心

在与孩子的沟通中，父母要有耐心。在心理学上，耐心属于意志品质的一个方面，即耐力。它与意志品质的其他方面，如主动性、自制力、心理承受力等有一定的关系。尤其是在家庭生活中，与孩子的沟通更需要保持耐心。

一个牧羊人养了两只羊。这两只羊几乎同时产下了两只活泼可爱的小羊羔。一天，牧羊人像往常一样把这两只羊放了出去，把小羊羔留在了羊圈里，因为它们还太小，出去会有危险。

两只羊渡过浅浅的河水，到对岸去吃草。但没过多久，突然天降暴雨，河水泛滥，小溪变成了急流。

牧羊人来到岸边，他知道自己的羊该回圈给小羊羔喂奶了，但他发现此时过河是不可能的。一只羊在河对岸耐心地吃草，等待河水回落，而另一只羊却焦躁不安，并开始抱怨："这水不会落下去了，我的孩子会饿死的，我们留在这里也会被狼吃掉的。"正在吃草的那只羊试图使同伴安静下来，但无济于事，焦急的同伴没有听它的话，跳进了河里。

牧羊人在河对岸看到了这一幕，却无能为力。跳入水中的羊在急流中游了几米，就被河水卷走了。天黑的时候，河水已经回落了很多。牧羊人小心地过了河，把另一只羊抱了回来。

耐心是孩子未来成功的关键因素之一。培养孩子的耐心不仅对他在学习上有帮助，而且对他今后的人生道路也有很大的影响。因为孩子的耐心并不是与生俱来的，而是需要后天的培养。当孩子不停地用哭闹强迫父母满足他的要求时，父母要沉得住气，一定要注意对孩子进行耐心训练。

耐心训练可以从以下方面做起：

1. 给孩子的任务，难度要适当

任务太多太难，孩子望而生畏，就会产生对抗情绪或者干脆不做。对于一些难度较大的任务，可以分解成一个个小目标。家长把做完的点评一下，给孩子一点鼓励，孩子可能就乐于接受了。

2. 家长要有耐心

许多孩子没有耐心，是因为家长对孩子做事的要求往往也是虎头蛇尾。所以，家长不要让孩子养成半途而废的习惯。在开始一种新的任务之前，必须让他把正在进行的任务有个了结。孩子经过努力完成一件事时，应当及时给予表扬，强化做事有始有终的良好习惯。

3. 语气坚定

父母对孩子提要求的语气要坚定，让孩子知道这是一件重要的事情，不可以随便对待，但也不可总在孩子身边不停地唠叨，甚至训斥打骂孩子。培养孩子的耐心，是一个慢慢训练积累的过程。

4. 持久地沉浸在一种任务中

可以让孩子集中精力，让他们持久地沉浸在一种任务中。要让孩子知道，生活中许多事是需要耐心和等待的。有时孩子饿了马上要吃，渴了马上要喝，想要什么玩具当时就要买，家长可有意延缓一段时间，不要立刻满足孩子的要求，以培养孩子的耐心。

把逐客令说得美妙动听

有朋友来访，促膝长谈，表达友情，交流思想，不仅是生活中的一件乐事，也是人生道路上的一大益事。但现实生活中也有与此截然相反的情况。茶余饭后，你刚想静下心来读点书或是做点事，不料不请自来的饶舌客扰得你心烦意乱。东家长西家短，唠唠叨叨，没完没了，一再重复你毫无兴趣的话题而且越说越来劲。你勉强敷衍，心不在焉，焦急万分，想下逐客令却难以启齿。

那么，该怎样对付这种饶舌客呢？两全其美的办法是：运用最高超的语言技巧，把逐客令说得美妙动听，既不挫伤饶舌客的

· 181 ·

自尊心，又能使其知趣而退。

1. 侧面暗示对方

可以用温言细语来提醒、暗示饶舌客：主人并没有多余的时间跟他闲聊胡扯。跟冷酷无情的逐客令相比，这种方法容易被对方接受。如"最近我妻子身体不适，吃过晚饭就要休息。咱们是否说得小声一点？"此话虽然用的是商量口气，但传递的信息十分明确：你的高谈阔论有碍女主人的休息，还是请你少光临为妙。再如"这是我第一次发表的文章，请您指正。我想今后尽量多挤些时间爬爬格子，我还年轻，真想有所作为啊！"这番话似乎很尊重对方，但"请您指正"只是虚晃一枪，而"真想有所作为"的感叹却是在提醒对方：请你今后别再来纠缠不休了。

2. 以写代说张贴"标语"

有些饶舌客辨析语意的灵敏度不高，婉转的逐客令常常难以奏效。对这些人，不妨用张贴字样的方法代替直率的语言，表达使人一见就明的意思。我们可根据具体情况贴一些如"我家孩子即将参加高考，请勿大声喧哗""主人正在自学英语，请客人多加关照"之类的字样，使饶舌客望而却步。从常理上说，字样是写给所有的来客看的，并非针对某一位，因而不会使哪位来客有太多的难堪。当然，在饶舌客知趣地告辞时，主人可送到门口并致意："真抱歉。但愿我的孩子能托您的福，在高考中取得好成绩。""谢谢您的关照，如果我在自学英语上有所突破，我不会忘记您的支持。"

3. 以攻代守主动出击

可以用主动出击的积极姿态堵住饶舌客登门来访之路。看准他一般是在每天何时到你家的，你不妨在他来访之前一刻钟先杀上门去："您多次来访，礼尚往来，我应回访您，否则太失礼了。"于是你由主人变成了客人，他则由客人变成了主人。这样，你就争得了掌握交谈时间的主动权，想何时回家，就何时告辞。更重要的是，你杀上门去的次数一多，他就被你牢牢黏在自己家里，原先每晚必上你家的行为定式就有望改变。以攻代守，先发制人，其实是特殊形式的逐客令。

4. 诱导对方培养兴趣爱好

饶舌客大都既无大志又无高雅的兴趣爱好。如果他感到有计划要完成，有感兴趣的事可做，他就无暇光顾你家了，这就能从根本上为你解围。如果他是青年，你可以举伟大人物胸有大志的事例进行教育，可以用发人深省的语言予以教育："人生一世，岂可没有一点真才实学？你我都要好好努力才是啊。"如果他是中老年，你可以根据他的具体条件，诱导他培养某种兴趣爱好，或种花，或读书，或练书法，或跳舞。

饶舌客一般是邻居、亲戚、同学、同事，主客之间相当熟悉，不管使用何种方法，切忌用冷冰冰的表情和尖刻刺耳的语言刺伤对方，一定要使对方感觉到主人对他还是很有情意的。有情意，才能使逐客令变得美妙动听。

从潜意识里肯定自己

人的思想是很奇怪的，通常人想要的东西都会实现，除非你不敢想。所以，要经常想正面的东西，负面的话语也应尽可能由正面的字眼表达出来。

有一个有趣的小实验：跟你说"不要想象一只粉红色的猪跳

着舞从你背后经过，不要想象这只猪有多么可爱，千万不要想象，不要想象"。听到这句话，你的脑海中浮现的是什么样的画面？绝大多数人脑海中肯定就浮现出所说的这只猪了。

人的大脑是不接受否定说法的，在潜意识中，我们往往只听到了否定后面的内容，并把它当成事实的一部分。所以，尽量使用与情绪、感觉相关联的正面词语，它们包括开心、快乐、幸福、成功、优秀、信任等。同时，有一个词要引起你足够的注意，那就是"但是"。这个词的出现，意味着后边要说的话，跟前边已经说的话，意思不一样，是一个转折点。当你刚刚说完"是的，我赞同你的说法，但是……"对方的感觉一下子就改变了。所以，我们要使用一个更加安全、更有效的转折词"后来"，那样听者也易于接受别人的建议。

正面字眼（相对于负面字眼）不但让你能清楚地表达，而且能达到目的。类似"同意""优势"和"值得赞美的"等正面字眼，会让对方容易接受你想传递的信息；负面字眼像"反应过度""令人怀疑"和"不同意"，则较不为人接受，甚至可能引起他们的抗拒。比如跟孩子沟通的时候，越说"不紧张"，孩子越会紧张；越说"没事"，就越会出事。所以，在和孩子沟通的时候千万不要用"不"这个字。

改变语言，可以改变一个人的心态。对于常用负面词语的人，我们可以用正面词语练习这个技巧帮助他们改善人生。

在我们身边，不难听到一些类似这样的话，显示出说话人正陷于困境中："我解决不了""这不可能"，等等。

"困境"中的"困"，是因为事情里有一些自己无法控制的因素，让我们感到无可奈何。在困境中的人，容易把思想放在那些无法控制或不想要的因素上。如果能够转而注意一些可以控制的因素，便有办法使事情得到改善。

说"我解决不了"的人是一个失败者，而说"我要找出一个解决办法"的人是一个成功者；说"这不可能"的人是一个悲观者，而说"可以试试看"的人是一个乐观者。

其实都是针对同一种情况，心态不同便会出现不同的语言，而改变语言便可以使心态改变。即把句子中的"不""没有"等负面的词删除，改用正面的词语代替。尽量在说话时使用正面词语，日子久了，你会发觉自己变得更积极、更开朗、更有效率。事实上，看看身边的人，那些遇事顺利成功的人说话都多用正面词语，而那些失意灰心的人说话都充满负面词语。

多用正面词语，对方就会认为你是个乐观、积极的人，大家都喜欢和积极乐观的人打交道。积极的人愿意接受新鲜的点子和面对挑战。同时，因为他们对自己有信心，所以也能接纳、赞美别人。让自己的思想、语言、文字及行为都表现出积极乐观，别人会因你的言语、行为而肯定你是一个了解自己，并能掌握自己命运的人。如此，你的人缘或成功的机会必定会大幅提升。

将情感融入沟通之中

哲学家布贝尔曾经说："人与人之间就是一种对话的关系，一种'我与你'的关系。"对话的过程就是主体之间相互造就的过程，对话的实质就是人与人之间在精神上的相通。布贝尔指的"对话"实际上就是情感沟通。

有这样一则故事。

大门上挂着一把坚实的大锁，铁杆费了九牛二虎之力，也无法将锁撬开。钥匙来了，瘦小的钥匙一下子就钻进锁孔，只见他轻轻一转身，大锁就"啪"的一声打开了。

铁杆奇怪地问："为什么我费了那么大力气也打不开，而你却轻而易举地就把它打开了呢？"

钥匙说："因为我最了解它的心。"

情感是催化剂，它可以加快、减缓或抵充人际沟通的效应，因此，我们必须讲究沟通中的情感效应。

例如，在企业管理中，就需要融入情感，即所说的情感管理。这种管理方法就是管理者以真挚的情感，增强与员工之间的情感联系和思想沟通，满足员工的心理需求，形成和谐融洽的工作氛围的一种管理方式。

情感管理将企业目标与员工个人心理目标有机结合起来，在企业目标实现的同时，员工个人心理目标也得到实现。情感管理的宗旨就是为了协调企业与员工之间的利益矛盾，谋求企业与员工共同发展，为了一个共同的目标，促使员工自觉管理。

西方国家许多优秀企业都很重视加强情感管理，为了尊重员工，摩托罗拉公司一方面不断致力于改善员工的工作环境，另一方面，也竭力促进员工的发展。同时，摩托罗拉公司高层管理人员都十分重视与员工的对话，强调企业与员工共同承担义务和责任。还有诺基亚的"以人为本"的管理理念，培养员工的主人翁精神和自律性，形成同事间的相互比较、挑战自我的环境等，都是很好的例子。

企业管理者在处理企业与员工的关系时，如果能恰如其分地将情感融入其中，可以大大缩小企业与员工的心理距离。在与员工的接触中，言行一定要发端于心，这样才能加强感情沟通，培养一种亲密、信任的人际关系，建立一种敬业和谐的合作氛围。企业管理者善于进行充满人情味的情感管理，就是为企业注入减少内耗、理顺人际关系的润滑剂。

同样，个人在求职面试时，运用一定的表达技巧，促成彼此之间的情感交流，将对面试结果产生一定影响。

某市机关公开招聘文秘，在招聘会上人事处长亲自主持面试。一位政治教育专业的研究生，希望能抓住这次机会。此前，他了解到这位人事处长出生在贫困山区，曾当过民办教师，后苦读考上大学，被分配到机关工作。而自己与他有相似的经历。

当轮到他面试时，他说："我说说我的经历吧。我1990年就参加工作了。那时我刚中师毕业，在乡村当教师，我一心一意教乡下的孩子。但在学业上我没有停顿，通过自学获得英语大专学历。后来，我觉得那份工作未能让我充分发挥自己的才能，于是决定考研。"

他继续说："在完成教学任务的同时，我凭着自己的毅力，每天几乎只睡三四个小时，靠着极强的学习能力自学完所有课程，考取了研究生。"

在回答面试官专业不对口的问题时，他说："也许专业并不是最大的障碍。我认为最重要的是一个人不断学习的能力，我的经历表明我具有接受新事物、不断进取的个性特点。我相信自己可以做好这份工作。"

两周后，他接到录用通知书。事后，人事处长告诉他："你的经历陈述，使我看到了自己，促使我下了录用你的决心。"

从这件事中我们可以看出，研究生面试过程中，就充分利用了一切可以利用的因素，以自己的经历去拨动人事处长的心弦，成功地勾起了对方的回忆，从而形成心灵共鸣，促使对方选择了他。

抓住对方心理的沟通

参加歌唱比赛的关键在于选择一首好的歌曲；做好一桌美味佳肴，主要是准备好的佐料，合理搭配，才会色香味俱佳，让人喜欢和接受。所以把握住事物的关键，才能有的放矢，走向成功。同样，在沟通中，想要说服某个人，掌握说话的技巧，就必须有所准备，要找到双方的共情之处，让说服变得更加顺利。

试图让对方接纳你的观点，首先要找到与对方的共性，比如说年龄、性别、社会地位、家庭出身、兴趣爱好、籍贯以及人生观。了解一个人需要循序渐进，刚到一家公司，对身边的同事不了解，通过吃饭、喝茶、一起聊天，得知对方跟你也有相同的爱好，就会感觉找到知己一样，会有一种相见恨晚的感觉。

人们经常这样评价一位优秀的推销员：我感觉在和他聊天的过程中就好像是在和自己聊天一样。因为优秀的推销员在和顾客交流的时候尽量让声调、音量、节奏，甚至是身体姿态、呼吸频率都与顾客保持一致。这对于加强彼此的沟通，增进彼此的感情，无疑是一个很好的方法。

日俄战争的结束，对清政府震动很大。清政府认为日本以立宪而胜，俄国以专制而败，加上国内局势动乱，大清政权已经飘摇欲坠。为了加强皇权，巩固政府统治，决定实行新政，决定立宪。

而此时清政府真正的统治者慈禧太后却坚决不同意，在朝廷上下一筹莫展的时候载泽站了出来。他内心深深地知道，慈禧根本不关心立宪与否，也不关心是否会成功，她的内心只在乎皇权是否还在自己的手中。于是，载泽对慈禧太后说："立宪之前先得预备立宪，但是预备立宪需要花费 20 年的时间。"

慈禧太后一听，心想：光立宪就要 20 年，而那时我早飞到西方极乐世界了，那时候与我就没有关系了。于是慈禧太后就欣然同意了立宪。

但是，预备立宪却在短短的 3 年内就完成了，并非像载泽说的需要 20 年时间。3 年之后，清政府颁布了《钦定宪法大纲》，立宪获得成功。

从这个简短的历史事件可以看出，巧妙地说服他人古已有之。如果载泽在说服慈禧接受立宪的时候没有准确地抓住她的心理诉求，即皇权，就不会顺利地说服慈禧太后。载泽正是看到了这一点，所以慈禧太后痛快地答应了要求。

只有准确地把握对方的心理需要，才能顺利地完成我们的目标。在心理学上，有这样一个概念——共情。那么什么是共情呢？美国著名心理学家罗杰斯认为，它就是一种能深入他人主观世界，了解他人感受的能力。也有学者认为共情就是"能够了解他的世界，必须能够做到好像可以从他的眼看他的世界及他自己一样，而不能把他看成物品一样从外面去审核、观察，必须能与他同在他的世界里，并进入他的世界，让我们了解他的生活方式以及他的目标和理想。"

因此，在说服别人的过程中，我们要学会换位思考，学会站在他人的角度去考虑问题。掌握对方的思维方式，了解对方的行为习惯，根据这些进行有效的换位思考。只有这时你才会发现，当你想着了解对方的时候，换位思考是最具有效果的。

春秋时期，鲍叔牙与管仲在还没各为其主的时候就已相识。那时候二人合伙做生意，管仲因为家里穷，只拿出了很少的一点资金，鲍叔牙没在意。后来生意有了起色，赚了一点钱，管仲就拿这些钱还了家中的债，鲍叔牙知道后没说什么。到了年底分红的时候，管仲又拿了一半的红利。这时，跟从鲍叔牙的人站出来反对说："管仲出资少，平时还拿钱还债，到了年底居然要分一半的红利，如果是我，我一定是不会接受的！"

鲍叔牙听后斥责下人道："难道你们没发现管仲家里很穷吗？他比我需要钱，我跟他合伙做生意就是要帮帮他！"

后来二人上了战场，管仲在战场上消极应战，被战士们耻笑是贪生怕死之辈。长官打算拿管仲杀一儆百，此时鲍叔牙站了出来，说道："管仲的为人我是最了解不过的，他家有年迈老母无人照顾，他苟且地活着是为了尽孝道啊！"

管仲听到这番话后，感动不已，说道："生我者父母，知我者鲍子也！"

这便是历史有名的"管鲍之交"。在别人的眼中，管仲是一个贪财怕死之辈，而鲍叔牙却不这么认为，因为他能设身处地地为管仲考虑，知道他家中贫穷，有年迈的老母需要照顾。正是这种设身处地的换位思考，成就了历史上"管鲍之交"的佳话。

要想准确地抓住对方的心理诉求，不是那么容易的事情，要求我们学会揣摩别人的心思，多问问别人为什么，并且还要不断地与他人进行沟通和交流来验证你的揣测。这样你就会在无意间形成敏锐的洞察力。这样你才能轻易地说服对方。

消除误解，充分显示
高超的沟通能力

　　要想消除误解以及被误解带来的沟通障碍，就需要我们从自我做起，在认识他人、理解他人的同时也要认识自己、改正自己的缺点，接受他人与自己的差异，敞开心扉，站在更高的高度去看待与人沟通时的各种矛盾。

缺乏沟通就会产生误解

你走路时正在想问题，没有看见迎面走来的同事，人家可能会说你清高不待见人；你开会的时候，家里发生了重要的事情，你出去接个电话，大家可能会觉得你不懂礼貌，自恃功高。在当今这个快节奏的社会，很多人没有耐心去了解别人。我们总是自以为是地揣度别人，因此误解越来越多，人与人之间的关系也越发冷漠。大家都宁可在社交软件上发发帖子，跟陌生人说说真心话，也不愿意向身边的人敞开心扉。

在科技日益发达、社会发展多元化的今天，人们的工作生活丰富而多彩，但是由于缺乏必要的沟通，人与人之间很容易产生距离感和认识上的偏差，给彼此心灵之间树立起一道暗墙，造成误解，甚至带来矛盾。婆媳关系紧张，医患矛盾激化，同事间的戒备心增强，亲子之间缺乏理解，等等，究其根源就是缺乏沟通交流导致的人情冷漠、疏远。

大家都知道婆媳关系难处理，天下没有无矛盾的婆媳，婆媳天生是劲敌。难道婆媳之间的对抗真的是天生的吗？

因为缺乏沟通，那些不经意间芝麻绿豆的小事，也能产生误解。误解发生后，如果还是缺乏沟通，就会伤害到我们与他人之间的感情。如媳妇年轻，接受了新潮的教育思想，认为孩子不应该娇生惯养，所以对孩子要求比较严格，孩子闹着不吃晚饭，媳妇说什么也要让孩子饿一顿以示惩罚。然而婆婆见到这一幕并不理解，因为心疼自己的孙子，十分生气，觉得媳妇对孩子疏于照顾，太不懂得为人母的道理了。婆婆心里生气，就乡里邻居地到处抱怨媳妇的不是；媳妇得知后满肚子怨气，觉得婆婆不懂得教育还乱批评人，对婆婆不理不睬。婆媳之间就这样因为在对孩子的教育上缺乏沟通交流而产生了误解，产生了误解后又不善于沟通，于是导致了婆媳关系的恶化。

现在细细想来，婆媳之间不可调和的那些矛盾的起因大多就是家庭那点琐碎的小事。谁说婆媳之间的对抗是天生的？只不过是两个没有血缘关系的陌生人变成亲人，一时间在心理上无法接受，在生活习惯等方面又存在差别，一旦缺乏沟通，必然容易造成误会。

人与人之间的沟通是非常必要的，是解决生活中各种矛盾、搞好各方面人际关系的润滑剂，也是消除一切不和谐因素的重要方法。不论家庭成员之间，还是单位中的干群之间、同事之间，都需要经常沟通。

网上有个很火的微电视，叫《多一分沟通，少一分误解》。这部微电视是荆门市第一人民医院拍摄的，该院院长舒春明说："希望通过微电视这样一种轻松幽默的方式，促进医患互信。当前医患关系紧张，医务人员压力大。让公众看到医务人员的工作和生活状态，可以帮助他们增进对医务人员的理解；对于医务人员自身来说，也能够释放压力。"

这部微电视其实就是医务人员与患者之间的一种交心、一种沟通，一些患者通过医院内部的闭路电视看了这部微电视后，对医务人员的工作也多了一些理解和包容。

一次，一位急诊科的护士因为忙碌，给王先生换药晚了一会儿。王先生就自己调慢了点滴。护士过来换药时，给他道了歉。

王先生却笑着说："没事，我都在电视上看到了，你们确实挺忙的，很辛苦。"

这就是沟通产生的效果，其实和婆媳关系一样，医生和患者

第九章　消除误解，充分显示高超的沟通能力

之间没有深仇大恨。患者对医生的很多不满都是因为沟通不够导致的，同时部分医务人员也缺乏换位思考的能力，没有设身处地地理解患者的心情。医生平时在工作中抢救患者风风火火，对生离死别已经习以为常，忽略了患者家属的心情，因此缺乏与患者家属沟通的耐心。

人际沟通需"四解"：多了解，少误解，有谅解，频理解。经过了解，可以实现理解；实现了理解，可以减少和消除误解；减少和消除了误解，就能避免矛盾发生。所以，当你误解了别人或者被别人误解时，请先尝试去沟通吧！或许这个结并没有我们想象中那么难解，沟通是人与人心灵的桥梁，能为我们建立起良好的人际关系。

消除戒备心的沟通

芥蒂和警惕之心，说得直白些就是人与人交往时的戒备心理。可以说，任何社会人在与人交往的过程中，无论关系亲疏都会存在戒备心理，如在两性婚姻关系中，尤其是二婚者，夫妻双方对财产及感情的警惕戒备心；在职场人际交往中，逢人只说三分话的警惕戒备心；在与陌生人交流时，谨慎小心以防被骗的警惕戒备心等。

在人际交往过程中我们往往会遇到这样的问题，由于不了解对方的目的和动机，基于人类自我防卫的本能意识，而对他人保持芥蒂和警惕之心。因而对他人的言语行为不为所动，持有不信任的观望态度，更有甚者还会产生抗拒排斥的心理。

戒备心理是人与生俱来的自我防卫意识，适度的戒备心理是一种"正当防卫"；然而对他人过度的芥蒂警惕心理，就是一种"病态"了，非常影响我们的人际关系，会使我们错失诸多机遇良缘。

阿丽和小亮是再婚夫妻，因为第一次婚姻的失败，夫妻两人潜意识里都对婚姻失去了信心，对彼此的感情和财产等问题上都有很强的戒备心理。

再婚后的第一年春节，阿丽要去小亮家见他的父母。她认为去小亮家就应该由他出钱，为了避免在经济上吃亏，她分文未带，可想而知，在诸多需要花钱的事情上他们之间产生了很多冲突。另一方面，小亮对阿丽也是不完全信任，只要阿丽与异性交往，小亮都会产生猜忌心理，在情感方面过度警惕。

在朋友和外人眼中，阿丽和小亮并不像夫妻，他们之间甚至连朋友间的信任都没有。可想而知，他们的这段婚姻关系维持得十分艰难，濒临再度离婚的窘境。

鉴于前次婚姻的破裂，再婚家庭中的夫妻双方很容易在新的婚姻关系中产生戒备心理，跟对方使心眼、留后手、闹独立，甚至实行经济封锁，这些做法会使夫妻之间的关系名存实亡。一个离婚女人再婚时，会更加谨慎，害怕再次受到婚姻失败带来的痛苦和不安。在心理上，男方应该承担主要责任，在读懂妻子戒备心理的同时，要给予妻子更多的关爱，首先放下自己的芥蒂和警惕心，给予妻子应有的信任，这样坚持下去便能慢慢打破妻子心里的那道防线，也使她放下芥蒂和警惕心。其实，既然选择了某个人重组家庭，就应该在各方面信任他（她），这样才能增进夫妻感情，使家庭生活越来越幸福美满。

换一个角度思考，我们为何不放下过度的防卫心理和自我戒备心理，给予他人信任，去接纳身边的人和事呢？如果这样，我们也能享受到人性的至真至爱、世界的至纯至美。

另一方面，既然戒备心理人皆有之，那么就一定会有这样的人，他能利用戒备心理促成自己的成功。给大家讲一个人尽皆知的故事：

有一位外国人士参加竞选活动，一般选民都认为他是上层社会人士，一定会对普通人表现出冷漠的态度。这正是出于一般人对上层社会人士的误解而产生的芥蒂心理。

于是在竞选过程中，这位参选人便把自己宣传的重心放在了他是四个孩子的好爸爸上。当选民们知道这位参选人有四个孩子，而且又是一位称职的父亲之后，就对他产生了亲切感，认为他离自己的生活很近。

就这样，这位参选人高票竞选成功。

从这个故事中，我们可以学到一种社交技能，即利用戒备心理，成就自己。戒备心理一旦产生便很难消除，那么最好的办法就是防患于未然，让戒备心不要继续加深。当遇到难以说服对方的情景时，在你说明目的之前，不妨先聊聊与主题无关的事情。例如，自己的兴趣、爱好或家庭等，让对方多了解一下自己，这样一来，他的戒备心理就会慢慢消失，这也是创造轻松气氛最好的暖身运动。这一社交技能对销售员来说，尤其重要。

放下对他人的芥蒂和警惕心理，并不是要求我们毫无保留地信任他人，而是要懂得把握适度原则。然而很多人拿捏不准适度原则，一方面是由于缺乏社会经验，另一方面也是因为主观认识不够。

懂得包容才会减少误解

有一首歌里的一句歌词是"多一分包容少一分误解，今生可不可以长久相爱"，让不少恋爱中的男女感同身受。爱是因为相互欣赏而开始的，因为心动而相恋，但更重要的是要相互包容和谅解才会携手一生。其实无论是恋爱中的男女，还是生活中的朋友、亲人，又或者是职场中的同事，多一分包容和谅解，就能少一些误解。减少误解不仅需要在处世上精明，还需要在情感上提升境界。

"不责人小过，不发人隐私，不念人旧恶，三者可以养德，亦可以远害。"做到包容他人，需要自己有度量。

公元前 279 年，赵国的蔺相如完璧归赵，立了大功，被拜为上卿，位在大将军廉颇之上。自恃功高的廉颇很不服气，因此扬言要羞辱他。

蔺相如听说这件事，常常称病不上朝，不跟廉颇争位。有时蔺相如坐车外出，遇到廉颇就赶紧避开。门客以为蔺相如这样做是因为胆小怕事。蔺相如却说："秦王那么厉害，我都不怕，难道还怕廉颇？我认为，强大的秦国之所以不敢入侵赵国，是因为有我们两人在。如今二虎相斗，必有一伤，势必会削弱赵国抵御外敌的力量。我之所以躲避廉将军，是先国家之急而后私仇呀！"

蔺相如的这番话很快就传到了廉颇耳中，廉颇感到很是惭愧。于是，他袒衣露背，负荆登门请罪，说："我粗野低贱，气量浅狭，开罪于相国。相国能如此宽容，我死不足以赎罪。"

就这样，将相重归于好，成了生死之交，共同齐心为赵国效力。

　　相信大家在中学语文课上都学过《负荆请罪》的故事，从中都能领悟到这样的道理：包容他人不仅能化解误会，还能获得他人的尊重。可以试想，如果蔺相如不懂得包容廉颇，不懂得谅解大将军廉颇不平衡的心理，两虎相争，赵国会处于什么样的境地？说不定就让敌国有机可乘，国之危矣！一个人度量的大小，根本原因在于他是否志存高远。有远大抱负的人，是不会计较眼前得失、个人荣辱的。有句谚语道："将军额上能跑马，宰相肚里能撑船"说的正是蔺相如这样的气量和善于包容他人的胸怀。

　　有句话说得好：幸福并不取决于财富、权力和容貌，而是取决于你和周围人的相处。包容一下，失去三分利益，收获七分关系，用"包容心"去成就别人，其实也是在成就自己，多一分包容，就少一分误解、多一分支持。想想我们经历过的磨砺和辛苦，就能理解他人所受过的磨难与不易；想想我们工作背后的家庭生活里有多少不为人知的伤感和艰难，就能理解他人生活的不易，每个人都会在人生的路上经历风风雨雨。

　　我们一生中会对人对事产生无数次误解，甚至用与他人完全相反的角度看待问题，因此每个人都有错怪别人的时候。

　　有一天，小王突然变得烦躁不已、对人态度很恶劣，仅仅因为一点点小事就对办公室的同事们大发脾气，甚至与人大声争吵。

　　为此，同事们都对小王很有意见，大家都觉得他变成了脾气暴躁的人，都对他敬而远之。一段时间下来，大家都对他嗤之以鼻，基本上没有一个人愿意和他交流，小王自己也变得越来越自闭。

　　直到后来小王的离婚律师到公司来找小王，大家才终于理解了小王的处境。小王的妻子在结婚两年后出轨了，并以小王没有照顾过孩子为由，起诉离婚，夺走了孩子的抚养权。小王为了养家糊口，忙于工作，没有时间照顾妻子和孩子，导致家庭破碎。经历过这样的打击，小王的情绪需要一个发泄口，然而却没有人能理解他。即使是男人，经历过这些事后内心也是很脆弱的。

处世的智慧之一就是包容他人，如果同事们懂得包容小王，就该想想小王为何突然变得暴躁，为何最近一段时间都如此消沉。

时常保持对他人的包容和体谅，是人生的一种美德和需要。这份看似对外的包容，实际上是帮助我们自身更真实地看清事物的真实面貌，使我们在为人处世时少一分误解、多一分真诚，使我们自己的人生之路越走越宽广。

当然，宽容的含义不仅仅局限于人与人之间的体谅，更是我们内心深处对于天地间一切生命产生的旷达与博爱。至高境界的包容，不是仅仅表现在对日常生活中的某一事件的处理上，而是可以升华为一种胸襟和一种气度。

放下自我才能倾听别人的意见

热播的电视剧《虎妈猫爸》表现的主要是针对孩子的教育问题引发的一系列家庭矛盾。在这部电视剧里，我们可以看到两个十分固执己见的家长，一个是"虎妈"，一个是"狼爸"。

"虎妈"是个在事业上很成功的女士，当她意识到自己的孩子需要培养时，就一意孤行地按照自己的教育理念和方式去安排孩子的学习生活。孩子的意见她听不进去，老公的意见她也不听，婆婆公公的意见她也不肯接纳。在"虎妈"心里，自己的做法就是对的，因为自己的父亲从小就是这么教育自己，才使得自己如今这么优秀的。

再说"狼爸"，他是一个公司的老总，工作能力很强，他对自己的教育方式也十分自信。他一味用严苛无情的方式教育自己的孩子，在他看来，孩子从小就必须做到万无一失，哪怕考99分也不行，只要不是100分，就说明你还有错，还需要进步。眼看着"狼爸"的无情教育，留学回国的教育专家唐琳三番两次相劝，但是都没有动摇"狼爸"的自信。在"狼爸"看来，这些留洋的伪教育专家根本不懂中国式教育。

结果呢？"虎妈"的孩子最后闭口不言，成了抑郁患儿；"狼爸"的孩子孤独无言，不交朋友。直到最后，"虎妈"和"狼爸"才渐渐认识到自己在教育孩子方面的错误，才渐渐感受到别人的意见并非完全是错的。

对孩子教育问题固执己见，不肯接纳别人不同意见的家长，不仅在电视剧里有，在现实生活中更是多如牛毛。从"虎妈""狼爸"身上我们大概可以感受到。

过分自我的心理不仅表现在教育理念方面，还表现在社交、生活、工作的方方面面。比如，情侣间为某件事情争执不下的时候，大多数人是听不进彼此的意见。再比如，开会的时候大家各执己见，其实是由于几乎没有多少人在听别人的意见，大多数人注重的只是表达自己的观点罢了；当父母告诉你吃饭时不要玩手机，你仍然在玩，你的大脑未曾有一秒钟去考虑父母的这个意见；当老板批评你做事方法不对时，你并不以为然，你觉得老板什么都不知道瞎指挥。

这种"自我"的现象渗透在你生活的方方面面，无论他人的意见是对是错，你并未发觉它的危害。你似乎很少考虑他人的意见，因为在你的意识里更注重自己的想法。我们总是不肯接纳别人的建议，认为别人的建议不符合实际情况，只有自己的想法才更贴近事实、更有效。

所以，有时我们应该放下"自我"，敞开心扉去倾听别人的意见。无论是 CEO 也好，老师也好，领导也好，长辈也好，越是处在尊位上，就越应该聆听并接纳他人的意见。当事情有不同的提议或者选择时，我们应该认真听取别人的意见和见解，然后用一分为二的观点来看待别人的建议或意见。即使别人的意见并不完全符合事实，你也应虚心听完并吸取经验，完善自己的观点，只有这样才能使自己不断成长。

那么身在职场的你应该如何让老板接纳你的谏言呢？

1. 首先要敢于表达自己的观点，做一个有主见的人，当老板的意见与你的不一致时，可以把不同意见摆在桌面上讨论。直接陈述事实，可以让大家直面问题并最终达成共识。在当今这个竞争激烈的社会，市场瞬息万变，在关于战略、方向和目标上，如果公司或企业的员工不提建议，只是跟着老板一个人的意见走，最终只会走向被淘汰的道路。

2. 人们的性格各不相同，所以对待这种讨论的方式也有所差异。你应该在谈话之初就给出明确的分析思路，注意要避免把你的想法表现得具有强烈的主观色彩或者个人情绪化色彩。

3. 在提出意见之前要深思熟虑，考虑清楚所提意见的风险与收益，这样更容易说服老板。在提出不同意见时，还要考虑你所提意见的执行需要消耗多少资源、多少时间。

第九章 消除误解，充分显示高超的沟通能力

做一个言行合一的人

什么是言行合一？顾名思义，"言"即语言，"行"即行为。做出的事符合说出的话，这就是言行合一。

言行合一的人是怎样的人？大多是表里如一的人，是诚实守信的人，是实事求是的人，是言必信行必果的人，是落落大方的人，是光明磊落的人，是值得他人信赖的人。

宋庆龄曾是中华人民共和国名誉主席，她被公认为 20 世纪的伟大女性，她就具备言行合一的品质。

有一次，她决定去幼儿园看望那些孩子。幼儿园的小朋友听说后都十分高兴，满怀激动地期待着宋奶奶的到来。突然，就在宋庆龄要来的时候，原本晴朗的天空突然刮起了猛烈的风，路上飞沙走石，行人都睁不开眼睛。幼儿园的小朋友们都失落地议论着，这么糟糕的天气，宋奶奶应该不会来了。然而，正在大家议论纷纷时，宋奶奶不顾漫天风沙，满脸笑容地走下汽车，来到孩子们中间。

一位老师感动地说："天气不好，您改天再来也可以的！"

宋庆龄说："不，我不能失信，应当遵守诺言。"

"一言既出，驷马难追"，不管天气恶劣与否，宋庆龄都实现了自己的诺言，探望小朋友的诺言，赢得了幼儿园老师和小朋友们的尊敬。宋庆龄言行合一的品质也正是领导人应该具备的品质，只有这样才能人前立威。

"言行一致"不仅要求我们要说到做到，还教会我们：不能做到的事，一定不要先说出来。"诺不轻信，故人不负我；诺不轻许，故我不负人。"当我们想要做一件事，即使自己对这件事很有把握，也不要在做成之前轻易说出来。当你还没被提拔为办公室主任时，千万不要跟朋友说你很快就要升职了，这样你会被误解成爱吹牛的人；当你想要实现环球旅游的梦想，还没开始的时候，千万不要整天把这个梦想挂在嘴边，这样你会被误解成一天七十二个梦的不靠谱的人。

言行不一致的人，是什么样的人呢？从心理学角度来说，一个人言行不一致，说一套做一套，很可能是因为自私、随意、贪图享受、博取一时满足等心理不断地叠加积累而形成的。意思就是当时自己没有认识到自己自私、随意这些性格而产生的一种惯性的认知层面，以及偏离的心理感受和取舍。

那么，我们要怎样成为言行合一的人呢？

首先要心口合一。也就是说，要遵从自己的真实想法去说话做事，只有你说的话和你做的事都符合你的本意，两者之间才不会相互背离。这就要求我们做人做事都要真诚、真实。

其次要有坚定的信念。就像宋庆龄一样，承诺过的事，即使遇到突发阻力，也要坚决实现。这就需要我们有坚定的信念去实现自己的诺言。

最后需谨言慎行。说话谨慎，行事小心，就不会捅下难以收拾的篓子。千万不能在生气时，在被激怒时，在任何不理智的时候，决定某件事情。我们都要善于控制自己的言行，以免说出去的话难以收场，做出来的事破坏自己的形象。

不要刻意表现自己

自我表现是人类天性中最重要的一个因素，人类喜欢表现自己就像画眉鸟喜欢炫耀自己的声音一样正常。由于能力、性别和

外貌等方面的差异，人类都有一种炫耀心理，希望在人前表现出与众不同的气质，展示出自己超出常人的能力、特点和技能，以获取他人的赞赏和尊敬，这是人类的一种心理需求。

但是，纵然这是天性，我们也要懂得克制，不要总是刻意在人前表现自己。刻意的自我表现会使人反感，最终的效果可能会与你的初衷完全相反。在我们的日常工作和生活中，一些人总是爱在人前表现自己，甚至通过贬低别人来抬高自己。殊不知，这种行为是愚蠢的，也是社交中低情商的一种表现。这些人即使是在陌生人面前，仍然过分在意别人怎么看待自己，这就有些"病态"了。

丽丽和英英是同一批被公司录取的新员工，因为两人的工作岗位相同，培训、工作都在同一个办公室，所以一开始她们的关系比较好。然而，好景不长，工作几个月后，她们的关系发生了微妙的变化。由于外貌突出、性格开朗，丽丽在社交方面相比英英更具有优势；英英为人耿直，不太爱表现自己，丽丽的优越性使得她不自觉地提高了自己在同事圈里的地位。

有一天，上司叫丽丽和英英一起讨论工作，探讨工作进展详情，在英英说到某一具体环节时，丽丽抢话道："英英，你这样开展工作可是要降低工作效率的，而且我们做这个工作也需要一定的保密性，你这样可是不对的。其实我们可以这样做……"丽丽的话虽然有一定道理，但是她当着上司的面这样做，让英英觉得很难堪。

还有一次，英英因为不小心睡过了头，上班迟到了一小时，丽丽当着上司的面，似乎是开玩笑地说："英英，你迟到了呀，咱们员工遵守公司的规章制度是最起码的哟！"

一次两次，英英只是觉得难为情，并未觉得反感，可是英英慢慢发现，丽丽总是人前人后通过贬低自己来抬高和表现自己，这让英英很不舒服，因此她开始排斥与丽丽交往，甚至有些讨厌丽丽了，而且其他很多同事也认为丽丽总想引人注目，口无遮拦显得很轻浮。

现实中，一些人为了自显才华，常常使别人下不来台，一次两次可能不会被人发觉，但是久而久之，就会自食恶果。像丽丽这样的人不在少数，几乎在每个工作单位中你都能遇到这样的人。卡耐基曾说过："如果我们只是要在别人面前表现自己，使别人对我们感兴趣的话，我们将永远不会有许多真实而诚挚的朋友。"你刻意表现抬高自己的同时，必然会妨碍他人表现的机会，必然会引起圈子里一些人的反感和不快。

法国哲学家罗西法古有句名言："如果你要得到仇人，就表现得比你的朋友优越吧；如果你要得到朋友，就让你的朋友表现得比你优越。"因此，稍微收敛一些，是明智的选择。当你有克制不住的情绪想要表现时，有很多自我意识想要宣泄时，要把握好热忱与刻意的尺度，让表现做得不留痕迹，又不以牺牲别人为代价，这才是明智之举。不要刻意表现自己，在需要出力时尽心尽力，用事实和实干来征服大家，不要用嘴来获得光环。

所以，请收敛一些吧，收起你那"病态"的表现欲。通过做到以下几点，让自己获得他人的尊重。

1. 别太在意别人对自己的看法，尤其是那些跟我们没有关系的陌生人

很多人总爱在人前表现自己，其实就是因为太在意别人对自己的看法，因此总被他人的看法困扰，活在别人的评价中。因为别人的一句好评而兴奋，因为别人的一个偏见而苦恼，扰乱了自己原本的生活。我们要明白，不刻意迎合别人，不刻意让他人接

受自己，自己的优秀不需要向别人证明，是金子总会发光。

2. 待人真诚，不要在同事面前显示你的优越性

过分表现不如不表现，真正的展示教养与才华的自我表现无可厚非，但是总在人前显示自己的优越性就显得愚不可及了。人人都希望得到别人的肯定性评价，都在不自觉地维护自己的形象和尊严。同事之间原本就存在一种隐性的竞争关系，如果你过分地显示出高人一等的优越感，那么无形之中就是对他人自尊和能力的一种贬低，反而会引起大家的不满和排斥。

3. 表现自己要不露声色

既然表现自己是人的天性，并且社交过程中也的确需要适当表现自己，因此，要达到目的又不会遭反感，就得学会不露声色。一方面，我们可以通过他人的评价来表现自己；另一方面，我们可以通过表现别人来表现自己。当然，这非常不容易，需要社会经验的不断积累。

没有自信就难以与人沟通

总觉得自己低人一等，对自己失去信心甚至悲观绝望，在人际交往中表现出附和、沉默、寡言等被动局面，难以实现有效沟通。实际上这是一种自卑心理，从心理学角度来说，这是自我认知上的一种偏差，是幸福感低的一种心理暗示。

觉得自己低人一等，是一种消极的心理状态，是阻碍我们日常生活中与他人有效沟通的心理屏障。

皖西学院的李曼在《皖西日报》发表的一篇文章中讲述了这

样一种心理：

"以前我觉得能进星巴克的人都是和我不一样的人，能力比我强，地位比我高。他们穿着休闲时尚，手捧一杯星巴克咖啡，笔直地走在大街上，像极了电影里摩登时代下的都市白领。和他们站在一起，我顿时觉得自己矮了一截，仰慕之余还有害怕他们会看不起自己。现在想想，一切都是自欺欺人。人就是很奇怪，站在优秀的人面前，觉得自己低人一等。比较就会有差异，差异就会产生自卑。"

因为自认为低人一等的心态，作者在星巴克点咖啡时没有考虑自己的喜好，首先考虑的却是价格，不能点最便宜的咖啡以防止被他人嘲笑。在这种心理状态下，就连服务员善意的微笑也会被当成讥讽。

在我们的现实生活中，有很多这样的人，他们认为对方比自己的身份高，认为自己的同学、朋友比自己家境好，认为跟他一起参加比赛的人比他有能力，认为跟她喜欢同一个男生的女孩比她高贵，认为别人的穿着时尚而自己很土，等等，认为自己低人一等，然而这种心理很容易造成沟通上的误解。

正在读研的小莉喜欢上了律师班人称"男神"的校友野少。野少家境殷实，为人很有绅士风度，人又十分帅气，被很多女生仰慕，小莉的同班同学阿旭就是其中一位。阿旭与野少有着同样殷实的家境，一身名牌，浑身上下都散发着贵族气质。

读研快毕业时，大家都在找公司实习，小莉、阿旭和野少三人机缘巧合进了同一个单位上班。

有一次，野少来办公室找小莉，小莉先是开心，继而又转变了态度，告诉野少："阿旭今天没来上班，你明天再来找她吧。"小莉心里总认为自己低野少一等，也低阿旭一等。自己家境贫穷，虽然容貌不错，但跟阿旭相比，天差地别，野少怎么可能喜欢自己呢？

三个月的实习结束后，野少离开了这家单位，去上海谋职了。后来小从阿旭口中得知，野少一直喜欢小莉，他是为了小莉才来这家单位实习的。然而野少每次找小莉都被拒绝，于是才灰心放弃，去了上海。小莉明白事情的真相后，后悔不已。

小莉总觉得自己低人一等，因此面对爱情不敢光明正大地争取。你比别人家境差，不代表你低人一等；你比别人能力差，也不代表你一无是处。当我们意识到自己缺什么时，只要想办法去弥补就可以了，何必看不起自己呢？要知道，自信的人生才会灿烂。

当你处处不如人时，不要自卑，记得你只是平凡人。在日常的生活和工作中，我们内心或许时常会产生孤寂、渺小、自卑、困惑的感觉，这种不良的心理状态会使我们封闭自己的内心，无法有效地与人沟通。可是，我们该如何克服这种自认为低人一等的心理呢？

1. 看到自己的长处，不要放大自己的缺点

认为自己低人一等往往是因为放大了自己的缺点而产生的自卑感，比如家境贫穷、身体残疾、外貌丑陋、沟通能力差，等等。我们存在这种天生的弱势，但是我们不能认输。你可以相信命，但你不能认命；你可以被别人看轻，但你不能把自己看低。多关注自己的优点，将自己的优点发扬光大；对自己的缺点尽可能去改变，如果改变不了，也要以积极的心态去面对。不要因为自己的某些缺点就把自己看得一无是处，不能因为一次失败而以偏概全地认为自己什么都干不了。

2. 培养自信，成就自己

我们要善于自我满足，有知足常乐的心态。在工作和生活中，我们可以通过不断实现目标来培养自信，每次获得的成功体验，都是对自己的一种激励。

3. 广泛参加社交活动，增强勇气

自认为低人一等的人往往喜欢封闭自己，在人群中总是沉默寡言，遇到问题时只会附和别人的意见，很少主动发言。因此多参与社交活动，提高对社会的认知和了解，遇事时就能多一分把握。在不断的社交经验积累中，我们会逐渐增强应对事情的勇气和自信。通过与人交往，可以增进与周围人的友谊和情感，使自己变得开朗、乐观起来。

说话是一个人涵养的表现

程志强刚进公司没多久，就和办公室同事们"打成一片"。他性格豪爽，很喜欢开玩笑。

公司一位女同事小亚结婚，邀请大家一起去喝喜酒。

婚礼上，所有同事都赞美小亚打扮得漂亮。可程志强却说化妆师用假刘海掩盖了新娘原本美丽的真发，简直就是画蛇添足。在场的同事都说他不懂，可程志强却固执地认为，化妆师太没"技术含量"了。

喜宴的时候，新娘穿着一身洁白的婚纱出现在台上。

主持人问坐在台下的观众："新娘美不美啊？"

所有人都高呼："美！" "太漂亮了！"

程志强却偷偷说:"婚纱很漂亮,不过新娘穿着可能有点不太合适。"由于程志强坐在靠前的位置,离固定式话筒比较近,所以他的话被全场听到了。新娘的面部表情立马僵硬了,幸好主持人急中生智,才让场面没有失控。

后来,程志强又经常遭到一些女同事的白眼。有女同事下班后准备去美容院,程志强知道后笑着说:"别弄得跟个妖精一样,不然只好我娶你了。"结果,那位女同事的男朋友正好在外面等着,程志强的一句话,差点让他冲进来。

还有一次,一位女同事认识了一个新的男友,正好那天去接她让程志强看见了。程志强第二天又笑着说:"你男友还不如我帅呢,还不如跟我好得了。"这位女同事气得不再和他说话了。

渐渐地,程志强发现,许多女同事都不愿和他说话了。

性格豪爽的程志强哪里能忍受这种"尴尬"。他在和一帮男同事聊天时说出了自己的困惑。同事韩越说:"你啊,和办公室的女同事说话,太有'风度'了。"

"是啊,对女同事说话可不能太有'风度'。小亚一定是没想到你会在她婚礼上说出那样的话。"另一位同事附和道。

"我说话有风度?"程志强百思不得其解。"是啊,你好好反思一下吧。"

回到家的程志强,仔细琢磨了同事的话,又联想到自己对女同事的态度,猛然醒悟。从那以后,他在办公室里老实了很多。

所谓风度,是指美好的举止、姿态及表情等。一个领导是否有风度,一多半儿来自他说话是否有魅力。说话的风度是一个人内在气质的言语表现,是一个人涵养的外化。

1. 耐心发话,不抢话争话

你要给别人发言的机会,不能迫不及待,在他人侃侃而谈时，硬是掐断他的话头，让自己一吐为快。发表己见首先应具备的修养就是耐心，待别人充分发表了意见之后，或轮到你的次序时，你再发言不迟，这不仅不会减轻你发言的分量，还会调动大家的情绪。

2. 动作要稳重，不要人身攻击

说话要适当做些手势，但不要过大，更不能手舞足蹈，或用手指指人。交谈双方距离不宜太远，也不宜太近，要根据双方的关系而定。此外，说话时尊重对方的人格是最大的礼貌。如果在语言上进行人身攻击，不但有辱于对方的人格，自己的人格也会因此而降低。

3. 说话要因人而异

对不同文化程度的人说话要有差异。文化水平低的人不习惯使用书面语言，跟他们讲话应该用家常口语；如果用接近书面语言的话，或太过典雅的词句，就难以与之交流了。需要注意的是，文化层次高的人更爱听委婉的话，不爱听质问或不客气的话。

4. 玩笑要适中

朋友之间相处的时间长了，总免不了开开玩笑。但在开玩笑时，应注意不要伤及他人的自尊。不管男女，尤其对一些较为敏感的话题，应该适可而止。千万别"祸从口出"，因为一句玩笑断送彼此之间的友谊。

5. 尊重他人，切忌随意否定他人

尊重对方是交际的一项基本原则。说话是人的思想的反映，尊重他人的意见，也就如同尊重他这个人一样。但有些人为使自己的意见突出，引起他人的充分认同，常自觉不自觉地对他人的意见加以贬低、否定，结果引发了对方的不满和对抗。这样下去，谁还愿意与他做朋友呢？

说话的风度是人的一种自然特色，是与时代相吻合的。我们反对脱离时代追求风度，也反对脱离自己的个性、身份去讲究风度。任何东施效颦、搔首弄姿、没有个性的言谈举止都毫无风度可言。

生动的语言更能感染对方

事实上，言不在多，达意则灵。生动的语言会给我们的魅力加分不少。生动是一种最有趣、最有感染力、最具有普遍意义的艺术。枯燥乏味的谈话谁会喜欢呢？如果彼此之间的谈话生动而富有乐趣，谁不会被深深地吸引呢？

林肯出生在一个清贫的鞋匠家庭中。他的父母是英国移民的后裔，以种田和打猎为生。9 岁时，林肯失去了母亲，少年时做过摆渡工、种植园工人、店员和木工。1860 年，林肯和民主党派候选人道格拉斯竞选美国总统。道格拉斯是一个大阔佬，非常富有。他为了推销自己，租用了十分豪华的专列，车后安放着一尊大炮，每到一站就会鸣放 30 响礼炮。此外，他还雇佣了专门的乐队，一路上，乐声不断，声势甚是浩大。道格拉斯还口出狂言："要叫那个乡下佬闻一闻贵族的气味。"他嘴里的乡下佬自然就是指林肯。

出身贫寒的林肯与道格拉斯大不相同。他买票乘车，每到一站就会坐上朋友们为他提前准备好的马车。面对道格拉斯强势的挑战，林肯并没有反唇相讥或者制造声势与其匹敌。林肯一直十分朴素，待人也平易近人，没有一丁点儿道格拉斯那种贵族的傲气。有一次他演讲时说："有人曾问我拥有多少财产。我拥有一个妻子，三个儿子，他们全都是无价之宝。我还租有一个办公室，办公室里有一张办公桌，三把椅子，墙角还有一个大书架，书架上所有的书都值得每一个美国人读一读。我自己不仅穷而且还很瘦，脸也很长，不会发福的。我真的没有什么可以依靠的，唯一能够依靠的就是你们！"

　　林肯在演讲中并没有空洞地抒发自己的豪情壮志，也没有炫耀自己的财产和业绩，而是真诚而又平淡地说，他有一个妻子和三个儿子，谁家没有妻室儿女呢？他这一句话就拉近了与选民们的距离。他接着说自己的办公室是租来的，里面的陈设也很简单，但是却有值得每一个美国人读的书。他用这种十分平淡但却感人的话，表明了自己是一个勤奋、廉洁而又有学识的人。这样便在选民心中树立了一个完美的总统形象。说完这些，他又说，自己没有什么可以依靠的，唯一能依靠的就是广大的选民们，这样一来，又让选民们感到了一种十分亲近的认同感。于是，林肯以其情理交融的演讲，一举获胜，成为了美国的第十六任总统。

　　与他人沟通交流时，运用形象生动的语言颇有说服力，它可以把简单的事情具体化，把枯燥无味的事说得生动活泼，可以化解尴尬的场面。如果你具有这样的说话技巧，自然更容易让别人接受你。那么，如何让自己的语言形象生动呢？

1. 适当地运用修辞手法

　　大家在学习语文的时候学过比喻、拟人、排比、夸张、设问、反问等修辞手法，在谈话或者演讲时我们可以适当地运用这些手法，使语言生动形象。

2. 言语中透露出你的感情

与人沟通的时候，要做到语言有感情，找准情感的诉求点。一要选用生动的例子，让自己的感情从例子中流露出来。二要用诚心与坚定信念进行沟通，切忌三心二意地说话。三要组织语言，找准人的情感共鸣点在哪里。

3. 幽默一点，拉近距离

说话时，可以用幽默的方式把严肃的事情表达出来，这样的效果往往比强硬的说服要好得多，最能够达到劝导和说服别人的效果，这一点大家应该学会运用。

4. 寓理于事

总是摆道理，不一会就让人感到厌烦，因为这样的沟通方式不仅枯燥乏味，还激发不出别人的兴趣，所以我们要将深刻的道理寓于具体事实之中。那种干巴巴的说教，往往使听者厌烦。要学会善于运用生动典型的事例阐明事理，增强语言的魅力。

大家在与他人沟通的过程中，使用生动形象的语言，掌握语言表述的艺术性往往能够达到事半功倍的效果。如果想把语言说得生动形象，就必须在沟通时饱含热情，同时也要注意使用一些修辞方法，使语言鲜明活泼，富有形象性和幽默感，给人耳目一新的感觉。

对别人的赞美应该大方地接受

2015 年 9 月，演员田朴珺为自己多年来首次即将发布的自制影片《谢谢你米兰》《谢谢你伦敦》在上海宣传。当媒体说起她与地产大亨王石婚期已近的传闻时，田朴珺现场虽避谈个人问题，但被问及王石出镜一事，她却回应道："我没有刻意规避什么，生活就是要大大方方。"

娱乐圈内的明星被媒体"审问"是常有的事，许多明星的私生活和恋情通常是媒体关注的焦点，然而私生活和个人恋情往往都是明星们不愿提及的事情。因此，诸多明星在接受媒体采访时，对这方面的回应显得犹豫、闪烁其词。

在观众看来，明星在面对媒体、参加真人秀、出席会议时的表现往往更加真实，无论荧屏形象多么好，大家更愿意接受艺人现实生活中大大方方的形象。总是犹犹豫豫、闪烁其词，总会给观众留下不诚恳、不磊落的不良印象。

大方，即态度大方，行为举止自然不俗气、不拘束、不扭捏，处之泰然、不卑不亢、不犹犹豫豫，能放得开，做真实的自我。"四平八稳""胸有成竹""落落大方""从容不迫""不慌不忙"，这些词语都是用来形容一个人思想行为上的大方。我们为人处世也好，待人接物也好，都要学会大方。

程杰在公司的一次实务技能比赛中表现优秀，一举夺冠。公司为了庆祝获奖选手，举办了晚宴招待大家。晚宴聚餐上，公司领导端起酒杯首先向程杰敬酒，恭贺他勇摘桂冠，实务技能优异。

程杰受宠若惊，推辞道："冯总，我不敢当，我只是运气好而已，都是领导在旁边指导得好。"

这时候领导回应："小程，你就别客气了，有能力是件好事，不要推辞了，来，把酒喝了吧。"

结果小程还是支支吾吾、犹犹豫豫地说："冯总，我其实没有这个能力，他们更优秀……"

领导显得有些不耐烦了，也没等他说完就把酒喝了，便去敬获得二等奖的选手了。

程杰这时才感觉到尴尬，摘得桂冠的喜悦也被这一尴尬冲淡得没了踪影，原本带着主角光环的程杰，整个晚宴都在自我郁闷和难堪中度过。程杰自以为是谦虚，再三推脱，其实在领导看来就是不大方了，扭捏犹豫难成大器。

当其他人真诚地夸赞你时，你切莫过分地故作礼让，应该大方地接受，大方地收下同事、领导的赞美，过度犹豫谦让就成了虚伪，反而让人反感。

清朝李汝珍的《镜花缘》里有一句话："所以他们但凡吃物，不肯大大方方，总是贼头贼脑，躲躲藏藏，背人而食。"从这句话中，我们可以感受到一个为人处世不大方的人是一个怎样矮小的形象。

大方做事，放开胸怀做人。懂得这个道理容易，然而在生活中我们应该怎么做才能树立起这样的良好形象呢？

1. 言语坦率，不犹豫扭捏

要做到说话大方，首先在说话前要想好自己要说的话，整理好逻辑顺序；说话的语气和神态要自然、得体。比如，开会发言，有些人面对争议时犹豫半天说不出话来，就显得很小家子气，登不了大雅之堂；有些人就能神态自如，条理清楚地表达出自己的观点，显得十分大方。

2. 行事磊落，不缩手缩脚

要想大方做人，行事磊落是重点。缩手缩脚的人总会被看成无胆鼠辈，瞻前顾后很容易错失良机。

3. 大度待人，不斤斤计较

当别人做了一些小事妨碍了你时，当别人犯下无心之过时，你要学会包容。不要计较太多，不要因为鸡毛蒜皮的小事跟他人计较，从而影响你的心情。无论有意无意，只要不是大事，学会大度一点，不和他们斤斤计较，你也就能获得"为人大方"的美誉了。

4. 内心坦荡，方能大方

处事大方就是指处事干净、利索、不拖泥带水，让人觉得不干脆。所以该坚持的就要坚持，但也要适当妥协；自己做错了就承认，不要死要面子，不肯认错。

5. 不卑不亢，要放得开

不卑不亢是我们待人接物的最高境界，不自卑就不会胆怯，不骄傲就不会无礼，摆正心态，才能做到手脚放开、大方做事。

沟通切忌不冷不热

撇开云南昆明那种四季如春适宜居住的城市不说，中国大部分城市几乎都是四季分明，尤其是南方的一些城市，比如长沙，夏天温度高得要热死人，连非洲来的小伙儿都火烧屁股似地赶着回家乡避暑；冬天气温低得要冻死人，晚上就算盖几床棉被，手脚还是受不了那寒气。

可想而知，如果有人问起"你最喜欢哪一个季节？"，大部分人给出的答案是春季或秋季。中国有一个成语叫"过犹不及"，把它用在人们对季节的偏好和评价上，实在是再合适不过了。夏天就好比一个热情过度的人，它提供给大众的温度已经超过了保暖需求的最高上限，让人们的皮肤有一种被灼烧的巨大痛感；冬天则像一个不苟言笑的冷漠之人，它浑身上下散发出的阵阵寒意，让人们犹如活在一个冰雪世界。

因此，在人们的心目中，最好的季节同时满足两个条件：第一，不能太热；第二，不能太冷。唯有在冷热之间取一个中间值，像温水那样不冷不热，温度适宜的季节才最得人心。

其实，人际交往也是这样的道理，与人打交道，我们要遵循"温水效应"。尤其是在陌生人或是自己不太熟悉的人面前，如果我们表现得太过热情，势必会招致对方的嫌弃；反之，如果我们表现得太冷漠，同样也会招来对方的厌恶。与人交往时，要时不时地试一试水温，才能拿捏好温度，免得到时候烫伤别人或是冻伤别人而不自知！

心理学家霍曼斯曾经指出，人与人之间的交往本质上是一种社会交换，这种交换和市场上的商品交换所遵循的原则是一样的，即人们都希望在交往中得到的不少于付出的。尤其是得到的不能少于付出的，如果得到的大于付出的，也会令人们心理失去平衡。

但是在现实生活中，很多人在人际交往中，不管和谁打交道，总是喜欢全心全意地付出，几乎要达到鲁迅所说的"俯首甘为孺子牛"的境界了。他们错误地认为，如果自己尽心尽力地为对方做事，对方就会感受到他们的热情和友善，从而对他们抱有好感，彼此之间也能顺势建立和谐、融洽、温馨的人际关系。

事实并非如此。正如心理学家霍曼斯所言，任谁都不能一味地接受别人的付出，否则心理上会感到不平衡。相信很多人都听过"滴水之恩，当涌泉相报"这句话吧，这里其实存在一个"回报要大于得到"的关系，施恩者或许不求回报，可受恩者一般都做不到"雁过无痕"，在接受对方的"滴水之恩"后，他总会绞尽脑汁来一次"涌泉相报"。

细细想来，这种做法无疑是为了使彼此的关系保持平衡，毕竟亏欠别人的感觉总是不太好的，如果有机会偿还这份恩情，何乐而不为呢？由此可见，与人打交道，我们千万不要一次性把好事做尽，一定要为彼此留有足够转圜的余地。要知道，当我们表现得太过热情，让对方感到无法回报或没有机会回报时，愧疚感和不平衡感就会让受惠者选择疏远我们，甚至厌恶我们。

当然，与人交往不能表现得太过热情，并不是说我们要板着一张脸，对别人敬而远之。因为我们表现出来的冷漠疏离，会严重挫伤对方的自尊心，让对方误以为我们是孤芳自赏、傲慢无理、目中无人的人。正所谓："敬人者，人恒敬之；爱人者，人恒爱之。"一个没有丝毫亲和力的人，在这个世界上注定要成为与世隔绝的孤岛，唯有展现出适度的亲昵和热情，我们才能融化人与人之间的隔阂和心理防备，为自己赢得更好的人际关系。

英国女政治家玛格丽特·撒切尔夫人就是这样一个似温水般的人。

在大选来临之前，撒切尔夫人所在的保守党面临着一个难题，他们不知道该如何扭转颓势？这个时候，撒切尔夫人提出了一个让人信服的办法，她笑着说道："我们只有一个办法，那就是走出去，到选民中去，这样就会获得最终的成功！"

决定走亲和路线的撒切尔夫人，每天都在大街上东奔西跑，走家串户，她一会儿到这家小坐一下，随意地和主人聊聊天；一会儿又去那家和那个人握握手，或对坐在轮椅上的人嘘寒问暖；一会儿又到商店询问商品价格。大部分时间，她都带着秘书黛安娜跑来跑去。

每逢午饭时，他们就到小酒店和新闻发言人罗伊·兰斯顿以及委员会的其他成员家一起喝会儿啤酒。然后，她又去和更多的人握手，去见更多相识的人。参加各种集会并发表演讲。

就这样，撒切尔夫人在民众面前展示了她热情、温暖、亲切、友善的一面，身体力行地赢得了越来越多的拥护者，为日后的首相竞选打下了坚实的群众基础。

不冷不热，才是培养良好人际关系的最佳温度；不近不远，才是维系良好人际关系的最佳距离。热情过度，就好比骄阳扑面而来；冷漠过度，就恰似骄阳拂袖而去。它们虽是两种不同的情形，最后却还是殊途同归，给人带来同样不舒服的感觉。

西方有这么一则寓言故事：

在寒冷的冬天，两只刺猬要相互依偎着取暖。一开始由于距离太近，彼此的刺将对方刺得鲜血淋漓，无论哪只刺猬都睡不安宁。于是，两只刺猬就分开了一段距离，可是这样又冷得难以忍受，它们只好重新抱在了一块儿。

就这样折腾了好几次，它们终于调整好姿势，找到了合适的距离，不但能够相互取暖，而且还能保证不会扎到彼此。

刺猬法则和温水效应其实有着异曲同工之妙，距离太近就好比热情过度，距离太远就好比冷漠过度。人际交往最忌讳的就是这两点，我们若想和他人保持一种亲密又不失自我空间的平衡关系，就得学一学刺猬取暖的做法，释放出足够热情和温暖的同时，也给彼此的心灵留一点可供回转的余地。不冷不热，不近不远，彼此才能自由畅快地呼吸。

。第十章

读懂对方，用「无声的语言」达到沟通目的

在人与人的沟通中，"无声的交流"是一种高明的沟通艺术，这种沟通艺术在不自觉中被运用。如果能多思考，运用心理战术，不用话语也能与人沟通，而且还会得到事半功倍的效果。

读懂对方的肢体语言

人体及其各种举止可以传达许多信息，尤其是面部表情最具有代表性，所以了解人体语言所代表的意义，是有效沟通的一个重要组成部分。

一项研究表明，从言语中传达出来的信息只占所表达的全部信息的7%，剩下的93%信息传达都不是用嘴说出去的。俗话说："眼见为实，耳听为虚。"人们靠眼睛观察所获取的信息占55%，用耳朵听到所获取的信息占38%。所以，根据以上数字，人们更能从眼神、语气、肢体语言等其他方面来分析出其他的东西。

肢体语言是和我们平时说的语言相对独立的一种沟通形式，它伴随我们的说话同时产生。肢体语言来自于面部表情、眼神接触、手势、站立姿势和态度，大多数情况下，它是潜意识的。总的来说，肢体语言的细微差别是非常复杂的，但是有些普通的肢体语言符号甚至能抵得上一大堆话。

以下的一些关于肢体语言的小要点要牢记：

1. 身体前倾、不住点头时，表明这个人对某种事物很感兴趣，或者对某人的观点表示支持和认同。

2. 突然向上用力挥舞手臂时，这个人很可能是对某种观点或事物表示强烈不满。

3. 嘴部的动作，比如噘嘴、撇嘴等，也可以直接表现出这个人正在思考他所听到的东西，或者是他正在犹豫，并想收回他所说的话。

4. 说话时呼吸急促、说话速度比平时快、声音也比平时高时，常常表示这个人此时的心情比较激动，或者正在受某些问题的困扰。

5. 晃动双手，或摇动胳膊，表达出积极、热情的信息，但往往对于其他人来说，这却表达了不成熟和不可靠。双臂最好的摆放姿势还是自然地放在身体两侧，这样看来充满自信又很轻松自然。

6. 把手轻轻地搭在对方肩上或胳膊上表示亲密，伸开双臂拥抱表示喜欢或安慰对方。

7. 不能把手插在兜里，不能把手放在桌子下面，或是身后，也不能用手摸脸、脖子、弄头发，这都是不成熟的表现。

8. 站如松，坐如钟，这会让人更尊重你，而懒散地躺在椅子里，或是靠在墙上，会让人觉得你无精打采。

9. 不要摇头晃脑，别让头总是歪的，一定要保持昂首挺胸，这会让你看起来充满自信，并有权威感。人们也会对你尊重，而且以诚相待。如果你希望留给别人友好、开放的印象，你可以把头轻轻歪向一边。

10. 双手抱肩，或是交叉在胸前，你会在与人沟通时产生隔阂，这表现出你对人或谈话内容根本没有兴趣。另外，这个动作还可以表示你根本不同意对方的观点，也可能你是因为冷了才这样，但你要同时表现出打寒噤的样子，才能免除人们对你的误会。

一些小动作可以让人们知道你头脑中正在想什么。在与人说话时，小动作太多会让人觉得你根本没有认真听对方讲话。所以，在对方说话的时候，除了适时回应之外，不要有太多的小动作。

身体语言的解读，必须结合具体的沟通情境、不同的风俗习

惯以及人物的性格特点等进行具体分析。同样一种表情、动作或神态，在不同的沟通情境、不同的地域特点中所反映的意义可能会大相径庭，而不同性格的人在传递信息时展示出的身体语言也各不相同。例如：竖起大拇指的手势，在中国表示赞扬，在日本表示"老爷子"，在希腊表示让对方"滚蛋"，而在英国等地则常常有一种侮辱人的意味。又如：有些人用双手摊开的动作表示"我就是这么倔强，你还是不要再浪费口舌了"，而另外一些人则用这个动作表示"真拿你没办法，我服了你，就按你说的意思办吧"。

微笑为沟通创造温馨的氛围

微笑是一种令人愉快的面部表情，它可以缩短人与人之间的心理距离，为深入沟通与交往创造温馨和谐的氛围。

微笑是良好心境的表现，心情愉悦，充实满足；微笑是善待人生、乐观处世的表现，说明心里充满阳光；微笑是内心真诚友善的自然表露，说明心底的坦荡和善良；微笑是对自己的能力有充分的信心，对自己的魅力和能力抱有积极和肯定的态度；微笑还是对工作的正确认识，热爱本职工作，恪尽职守，能让服务对象备感愉快和温暖。

微笑是开发不尽的资源，是使事业成功的重要法宝，是服务行业的一种特殊需求和基本要求。它可以让你生意兴隆；让你减少工作失误，带来利润的增长。即使在全球经济萧条时期，希尔顿饭店的创始人希尔顿先生，照样要求希尔顿饭店内的所有员工都对前来光顾的旅客献上最真诚、最温柔的微笑，他创立的旅馆事业一直蒸蒸日上。

并不是所有人的微微一笑都能轻易地打动别人，微笑是有讲究的。

微笑的时候，先要放松面部肌肉，然后使嘴角微微向上翘起，让嘴唇略呈弧形。最后，在不牵动鼻子、不发出笑声、不露出牙齿，尤其是不露出牙龈的前提下，轻轻一笑。

微笑要发自内心，当一个人心情愉快、兴奋或遇到高兴的事情时，都会自然地流露出这种笑容。这是一种情绪的调节，是内心情感的自然流露，绝不是故作笑颜、故意奉承。

发自内心的微笑是一个人自信、真诚、友善、愉快的心态表露，同时又能制造明朗而富有人情味的气氛。发自内心的微笑应该做到笑到、口到、眼到、心到、意到、神到、情到。

有一位单身女子刚搬了家，她发现隔壁住了一户穷人家，一个寡妇与两个孩子。有一天晚上，忽然停了电，那位女子只好自己点起蜡烛。没一会儿，忽然听到有人敲门，原来是隔壁邻居的孩子，只见他紧张地问："阿姨，请问你家有蜡烛吗？"

女子心想："他们家竟穷到连蜡烛都没有吗？千万别借他们，免得被他们依赖了！"于是，对孩子吼了一声说："没有！"

正当她准备关上门时，那穷小孩展现出关爱的笑容，说："我就知道你家一定没有！"说完，竟从怀里拿出两根蜡烛，"妈妈和我怕你一个人住又没有蜡烛，所以我带两根来送你。"

这一刻，女子自责、感动得热泪盈眶，将那个孩子紧紧地拥在怀里。

微笑最重要的是自然、大方，不可以假装。只要你把对方想象是自己的朋友或兄弟姐妹，就可以自然大方、真实亲切地微笑了。

微笑要适度。虽然微笑是人们交往中最有吸引力、最有价值的面部表情，但也不能随心所欲，想怎么笑就怎么笑，不加节制。所以说，笑要得体、适度，才能充分表达友善、诚信、和蔼、融洽的情感。

要想保持微笑，就要培养乐观的观念，控制消极情绪。任何问题都有其两面性，善于控制自己的情绪，看到光明的一面，保持心境愉快，减少因观念消极而产生的烦恼。

用眼睛和人沟通

眼睛是人与人沟通中最清楚、最正确的讯号，因为它是人身体的焦点。人们通常所说的"眼睛是心灵的窗户""她的眼睛会说话""他的眼神不定"，都是说眼睛对人类行为的巨大作用。与对方保持最直接的沟通，除了语言之外就是眼神。

在倾听别人说话过程中，一定要运用好自己的眼神。要想使对方知道自己在认真听取对方的讲话，你的眼神与对方的眼神一定要保持好联系。对方讲话时你最好与他的眼神不断地会合，不要东张西望。听人讲话时，随便看其他东西，说话人一定会感到不高兴。

理解了对方的意思，要表现出领会的眼神；渴望得到对方的讲解时，要表现出诚恳的眼神；对方说到幽默处，表现出喜悦的眼神；对方出现悲伤时，要表现出同情的眼神；等等。耳朵与大脑是语言的接收器，眼睛则是接收后的反应器。听到别人的信息也置若罔闻、呆若木鸡，谈话的双方就无法沟通下去，应该及时接受、及时反应，从而吸引住说话人的注意力。

运用眼神，可以使沟通更为有效。例如，老师如果能够巧妙地运用眼神表达自己的感受，有时真的会收到意想不到的效果。上课时，如果某个孩子乱讲话或随便做小动作，干扰其他的孩子听讲，老师可以轻轻地走到他的身边，拍拍他的肩膀或者摸摸他的头，给他一个制止的眼神，孩子们会立刻表现得非常好。这样做，比当着全班小朋友的面，对他们进行强行制止要好得多，能使孩子容易接受，也不伤害他们的自尊心。

俗话说："一个目光表达了1000多句话。"眼睛能作为武器来运用，使人胆怯、恐惧。常见的瞳孔语言为，在表示反感和仇恨时，瞳孔缩小，露出刺人的目光；相反，睁大眼睛则表示具有同情心和怀有极大的兴趣，还表明赞同和好感。在职场中，目光中除了能看出上级与下级、权力与依赖的关系外，还能揭示出更多的东西。

上司说话时，不看着你，这是个坏迹象，他想用不重视来惩罚你，说明他不想评价你；上司从上到下看了你一眼，则表明其优势和支配，还意味着自负；上司久久不眨眼盯着你看，表明他想知道更多情况；上司友好、坦率地看着你，甚至偶尔眨眨眼睛，则表明他同情你，对你评价比较高或他想鼓励你，甚至准备请求你原谅他的过错；上司用锐利的眼光目不转睛地盯着你，则表明他在显示自己的权力和优势；上司只偶尔看你，并且当他的目光与你相遇后即马上躲避，这种情形连续发生几次，表明面对你时这位上司缺乏自信心。

用眼睛和人沟通，不仅表明你很自信，同时也表示你对别人很尊敬。当你发表演说时，眼睛要注视着对方，语气里要带有更

多的强调成分，加入更多的感情色彩。如果这时你的眼睛看着别处或盯着地板，那就说明你对自己所讲的话没有自信，或者你说的根本不是事实。例如，当销售人员的眼睛炯炯有神地向客户介绍产品时，眼神中透射出的热情、真诚和执着往往比口头说明更能让客户信服。充满热情的眼神，还可以增加客户对产品的信心以及对这场推销活动的好感。

眼睛盯着一件东西看，这对有些人来说有点困难。但是，如果你正在努力赢得人们的好感，并且想表示你所说的话很认真，这就显得很重要了。例如，当你走进老板的办公室要求他给你升职时，如果你的眼睛紧盯着他，而不是低着头，那么他会更认真地考虑你的请求。当你在单位陈述你的一份商业计划时，如果你用自信的眼神看着周围的人，那么大家就会更加信任你并认可你的计划。

读懂对方需学会察言观色

在日常生活中，这样的情形经常见到：孩子在学校挨了批评而他确实没有错，装了一肚子气。他闷闷不乐回到家里，父亲看到他，也不问发生了什么事，张口就开始教育："瞧你无精打采的样子，像什么？我像你这么大的时候……"孩子越听越烦，觉得脑袋都要爆炸了。于是，连他自己也说不清是为什么，把书包往地上一摔，大喊一声："烦死人了！"父亲以为孩子这样顶撞大人可不行，一巴掌打过去，孩子哭着跑开了。假如父亲善于察言观色，发现孩子表情与以往不同，采用安抚疼爱的方法，细心

228·

开导，不仅不会把孩子打跑，使父子关系恶化，而且还会给予孩子以心灵的抚慰，加深父子感情。

有位心理学家曾说："在世界的知识中，最需要学习的，就是如何洞察他人。"俗话说："出门观天色，进门看脸色。"可以说，每一个拥有良好人际关系的人，都是善于察言观色、善于察觉别人肢体语言并做出有效反应的。

察言观色，包括对对方的身体语言、手势、表情、眼神、说话的口吻等细心观察。这些方面可以传递出很多信息，那些没说出口的潜台词往往与嘴上说的同样重要。既要懂得制造气氛，学会引导话题，又要懂得适时停止并放弃无意义的沟通，再另外找时间和地点进行沟通，才能达到良好的沟通目的。

学会察言观色，就要懂得一些关于暗语的知识。因为暗语作为一种非正规的表达方式，不是所有人都习惯通过它去传达信息。同样的信息，不同的人有很大的表达差异：有些人对喜怒哀乐从不掩饰，有些人则习惯以不动声色来掩藏自己的情绪，有些人则喜欢反过来表达情感。所以，要识别他人说的话，是正话还是反话，是暗语还是明语，重要的一点就是了解说话者一贯以来的表述方式与习惯，从中去捕捉其语言表达中是否存在暗语。

例如，在面试中，单位和求职者直接见面，形成了一个人际互动的局面，求职者学会如何观察对方的"脸色"，也是求职过程中不可忽视的一项能力。因为面试官在与求职者交谈过程中，他的脸色、神态和举止也相应地表达了他的想法和意图。

有时候，求职者在面试中介绍自己的特长，面试官却不时地移开目光，那么他很可能对求职者的介绍没有在意或没有兴趣，求职者应当尽快地跳过，看是否还有值得向他介绍的其他信息。再如，求职者在表述出自己的薪水和待遇等方面的要求后，对方面露难色，或者是态度没有刚才自然，那么说明对方在这个问题上持保留意见。假如低于这个薪水，求职者确实感到不甚满意，可以直接说出来，看对方如何对答。假如这个职位在发展前景上很有潜力，那么求职者在此时就应该巧妙地表示愿意放低一点要求，从而避免仅仅因薪水问题上的小小分歧而错过一个不错的职位。

当然，想真正解读出对方的心理，有时不能只听对方说了哪些话，更要紧的是看对方是如何表述这些话的。这点需要我们多"实战"，才能更好地掌握"察言观色"技能。

做一个善于聆听的人

聆听是精神的享受。一位美国女作家曾说过，沟通的最高境界就是静静地聆听。的确，聆听所表现出的是一种宽容、谦逊的人格，也展示了对他人的尊重。一个善于聆听的人，必然是一个对他人充满敬意、知道尊重他人的人，这样的人，也是我们愿意与之交往、愿意彼此倾诉与倾听的人。

当你认真聆听客户的谈话时，客户感觉自己被重视，于是，便对你产生了亲切感和信任感，感觉你是他们的朋友。所以，正在洽谈的生意成交了，已经发生的纠纷平息了。聆听成为一种润滑剂，能让财富更快地流入你的口袋。

当老师聆听学生的心声时，不仅缓解了师生间的紧张关系，消除了距离感，也让老师真正理解学生，尊重学生，促使学生的求知欲和好奇心健康发展。

当你聆听别人倾诉时，给予他们贴心的理解和真诚的疏导，他们就能振作精神，重新开始奋斗，我们也将因此获得更多的友谊，更多的亲情，更多的爱情，就能更多地了解人生的酸甜苦辣，更多地积累人生的宝贵经验。每个人的生活经历不同，都有值得总结的成功经验，也有值得吸取的失败教训，我们可以从他人的倾诉中警戒自己的言行，避开前进中的荆棘。

只有善于聆听的人，才会从别人失败的经验中不断地吸取经验，加快趋向成功的步伐。对于这样的人，成功路上的艰辛会减少许多。在倾听的过程中，要取别人所长，补自己所短。

聆听是一种能力、一种素质、一种思维习惯。良好的聆听能力是我们获取知识的主要途径之一。有的人认为自己听见了就是在倾听，那是不准确的，因为聆听不是一般意义上的听。听对方说出来的内容，只是常规意义上的听。有效聆听是要听出对方说话背后的真心，明白说话人的真正意思才是最重要的。

人与人之间需要沟通、交流、协作、共事，一个人善不善于倾听，不仅体现出他的修养，还关系到他能否与其他人建立起一种正常和谐的人际关系。聆听别人讲话，必须做到耳到、眼到、心到，同时还要辅以其他的行为和态度。不少社会学家和心理学家从人际关系角度进行研究，提出了以下聆听技巧：

面部保持自然的微笑，表情随对方谈话内容有相应的变化。

运用肢体来倾听，可倾身向前，目视对方，脸上保持全神贯注，表示对对方讲话的专注。

用你的眼睛倾听，目光持续地接触，这样会让对方感到你在认真倾听他所说的每一个字。

集中精神，不要做其他分散精力的事，如看表、抠指甲、伸懒腰、翻阅文件，更不要拿着笔乱画乱写。

不要粗暴打断别人的讲话，不要对别人的诉说无动于衷。

语言要合作，在对方"说"的过程中，不妨以"嗯"或"是"，表示自己在认真倾听。在对方需要理解、支持时，应以"对""没错""真是这么一回事""我有同感"，加以呼应。必要时，还应在自己讲话时，适当引述对方刚刚发表的见解，或者直接向对方请教高见。

在别人还没讲完时，不要着急发表自己的看法。听完以后再想一想，他说的或问的是什么，如果自己没有听清楚，可以再问一问，如果听清楚了，再说出自己的意见。

适当地发表自己的观点，要显得自信、礼貌、真诚、谦和，重要的是要寻找两个人共同感兴趣的话题。

要注意倾听弦外之音。对方没有说出来的常常比说出的部分更重要，要注意对方语调、手势的变化。

避免外界干扰。必要时请秘书暂时不要把电话接进来。把电视、音响设备关掉，没有什么声音比你正在倾听的那个人的声音更重要。

恰到好处地运用沉默

人们常说："沉默是金，开口是银。"一句简简单单的话道出了人际交往中的一条重要规律。

在沟通过程中，不要害怕沉默、冷场。沉默、冷场有时是一件好事，如果对方性子比较急，不懂如何利用冷场，对方就有可能先开口说话，我们就可以获得更多信息。出现冷场，对方也可能在反思自己的言行，例如价格太不合理或者提错了问题等，对方会怀疑自己，把自己往坏处想，反而会更多地想对方的好处。所以，在沟通中，不要怕冷场，而要敢于问别人问题，自己不明白的，不清楚的就要敢于去问，不断地问问题，掌握的信息越多，就越能控制局面。

"沉默蕴含着一种艺术，沉默也蕴含着雄辩。"古罗马著名演说家政治家西赛罗曾这样说，在今天，这句话也同样适用。沉默蕴含着一种艺术，这个艺术就是给其他的人提供了可以提问的机会。没有机会去提问，你永远也不会知道问题的答案。

沉默给他人提供了可以思考而不受打扰的机会。比如，在医生照顾病人的过程中，沉默可以给病人更多的思考时间，也给医生观察病人和调适自己提供了机会。适当地运用沉默会产生意想不到的效果，尤其是在病人悲伤和焦虑的时候，病人就会感受到医生是在认真地听，在体会他的心情，对治疗会产生积极的作用。

恰到好处地运用沉默，可以传递出一种难以言表的信息，起到"此时无声胜有声"的作用。比如，在教育孩子过程中，父母一旦发现孩子犯有比较严重的错误，为了及时纠正错误，可以适当地表现出沉默。让孩子在父母的沉默中感受到震慑和压力，自觉地把问题讲清楚，然后父母再对症下药。很多时候，父母在批评和劝诫孩子时，最容易犯的毛病就是当众把孩子说得一无是处。这样的批评容易伤害孩子的自尊心，会导致孩子的抵触和反感。因此，用沉默来代替对孩子的直接批评或斥责，可以达到教育的目的。

适当地保持沉默是处理人际关系的无声"武器"。比如，如果你是一名管理者，那么，你在与下属进行沟通时，适当保持沉默，不仅能够解决棘手的问题，而且还可以让沟通锦上添花。传达你对下属的要求和期望，如有必要，再把注意事项交代清楚即可，然后你就可以保持沉默，留一个宁静的"空间"给下属认真考虑具体的步骤。当他们的想法不够准确圆满时，你可以适当地给予补充和指导，但千万不要剥夺下属发言与思考的机会。

在批评别人之后保持沉默，是对当事人的一种威慑。一方面，对方会因为你的"点到为止"感谢你为他保留了颜面，另一方面也显示出了你宽广的胸怀。沉默并非是对错误的迁就，而是留给对方一个自省的余地。

沉默会让流言蜚语自生自灭，对待流言蜚语最好的办法就是保持沉默。沉默并不是对搬弄是非者的纵容，而是在一定程度上制止了是非的蔓延。你选择了沉默，那些别有用心的人必定会索然无味地从你身边走开，流言蜚语也就失去了传播的源头。

握手也是一种沟通方式

握手作为一项最基本的社交礼仪，其传达的意义非常丰富，如果不掌握握手的礼仪与技巧，那就只能代表一种程式化的程序。作为一种常规礼节，握手的具体方式颇有讲究。

1. 握手的神态

与他人握手时，要保持热情和自信。神态专注、认真、友好，目视对方双眼，面含笑容并且同时问候对方。如果以过于严肃、冷漠、敷衍了事或者缺乏自信的态度同对方握手，对方会认为你对其不够尊重或不感兴趣。

2. 握手的力度

握手的时候，用力要适中。若用力过轻，有怠慢对方之嫌；不看对象而用力过重，则会使对方难以接受而反感，也表示缺乏安全感，想用这种方式得到一些安慰。尤其有些人，为了显示自己的清高，只伸出手指尖与人握手，而且一点力也不用，这种做法也有失妥当，让人觉得冷漠、敷衍。

3. 握手的姿势

与人握手时，一般应起身站立，迎向对方，在距其约 1 米左右伸出右手，握住对方的右手手掌，稍许上下晃动一两下，并且令其垂直于地面。手心向下的握手，是表达统治欲的握手；用左手包住握手者的手腕部，表现统治欲强；用左手包住握手者的指尖部，表现出给予安抚或者支持的态度。最重要的是，握手的时候一定要手掌和手掌相接触，这比用力去握手更重要。手掌相触的握手方式让人觉得诚恳而且心胸开阔，和这样的人打交道会觉得很放心，没有威胁。

4. 握手的顺序

地位较高的人通常先伸出手，但是地位较低的人必须主动走到对方面前；年龄较长的人通常先伸出手；女士通常先伸出手。对于销售代表来说，无论客户年长与否、职务高低或者性别如何，都要等客户先伸出手。当一个人有必要与多人握手时，既可以由"尊"到"卑"地依次进行，也可以由近到远地逐渐进行。

5. 握手的时间

有人喜欢握着别人的手问长问短，啰唆个没完没了，这看似热情，实则过分。如果面对的是异性客户，握手的时间要相对缩短；如果面对的是同性客户，为了表示热情，可以紧握对方双手较长时间，但是时间不要太长。一般来讲，在普通场合与别人握手所用的时间以 3 秒钟左右为宜。

在与人沟通的时候，除了需要讲究握手的方式，我们还要注意一些禁忌，以免造成不愉快。

一是不要用左手与人握手。握手宜用右手，以左手握手被普遍认为是失礼之举。

二是不要以脏手与人握手。在一般情况下，用以与人相握的手应干干净净。以脏手、病手与人相握，都是不恰当的。

三是不要戴着墨镜与人握手。在握手时一定要提前摘下墨镜，不然就有防人之嫌。

四是不要用双手与人握手。双手紧夹着他人的手不放，这种做法也是不妥当的。当然，并不是说这种方式一概不能用，故友重逢，或对他人进行慰问时，可以用双手握，但不能夹得太紧，像捉鱼一样便不合适了。

五是不要交叉握手。尤其是和西方人打交道，因为交叉会形成十字架图案，西方人认为这是最不吉利的事。

六是握手时不要戴着手套。握手时，必须把手套摘下来。在有些地方，女士被允许戴手套与人握手，其实，摘下手套更不失身份。

用触摸进行情感交流

触摸是一种无声的语言，是非语言沟通交流的特殊形式，是人际沟通中最亲密的动作，包括抚摸、握手、依偎、搀扶、拥抱等。触摸能增进人们的相互关系，是用补充语言沟通及向他人表示关心、体贴、理解、安慰和支持等情感的一种重要方式。

许多年前，一个年轻人感到生活难于应付，他独自回到悉尼的老家，随行的行囊里只有最简单的衣物，还有一推摆脱不掉的麻烦。在抵达机场的那一刻，这个年轻人做了一件事，他找到一块纸板，高举着它站在这个城市最繁华和拥堵的十字路口，上面写着：自由拥抱！

15分钟后，一个女人走了过来。这个女人对他说，那天早上，她的宠物狗死了，而且同一天正好是她独生女的一周年忌日。在感到最孤独的时候，她需要一个拥抱。于是他们拥抱，并在那一刻露出微笑。

"每个人都会遇到麻烦，甚至远比我们所遭遇的要严重得多。看到某人能在顷刻间从阴郁中走出来，露出微笑，这让每一次都具有非常的意义。"说这话的人是胡安·曼恩，就是故事中的那个年轻人。

每一个个体都有被触摸的需要，这是一种本能。婴儿接触温暖、松软物体感到愉快，喜欢拥抱、抚摸；更重要的是，个体不仅对触摸感到愉快，而且对触摸对象产生情感依恋。如触摸孩子的头、手等能满足他们对爱的需求，可以转移其注意力，给他们安全感、信任感，消除他们的恐惧心理。

触摸行为，能够传递出各种不同的信息：

1. 传递情绪信息

心理学家研究发现，触摸能够传送五种不同的情绪：漠不关心、母亲般的照顾、害怕、生气和闹着玩。另一项研究发现，60%的人在向另一个人致意和说"再见"时，都使用触摸，而长

久分别时的触摸（握手、拥抱等）更为强烈，因为更富于情感。一个人触摸另一个人的肩膀，意思就是"不要感觉这个讨论是一种威胁"，或者是"这真的很重要"或"我有话要说"。

2. 传递地位信息

一般来说，主动触摸对方的人往往是地位较高的人，而且两人之间没有障碍和矛盾。所以，在日常交流中，大多是教授、老板、大人主动触摸学生、雇员、小孩。通常，地位低的人往往希望得到地位高的人的触摸，而具有支配性的人或者企图显示这种支配性的人，他们往往主动采取触摸行为。还有，触摸可以传递安全信息，使受者有种慰藉感、舒服感、满足感和受保护感。触摸者和被触摸者都承认，触摸传播的信息常常比讲话更重要。

触摸也应得当，它是一种表达个体化的行为，其影响因素有性别、社会文化背景、触摸形式、双方的关系及不同国家民族的礼节规范和交往习惯等。例如，西方国家熟人相见亲吻拥抱是习以为常的事情，但在东方这种行为方式常被视为不端或有伤风化。因此在运用触摸时，应保持敏感与谨慎，尊重习俗，注意分寸，尤其是同年龄的异性间应避免误会。

通过说话判断对方个性

为了保证沟通过程中的友善，我们可以改变自己固有的沟通方式，让自己变得彬彬有礼、热情体贴，让沟通氛围更加融洽。

但很多人是无法像我们一样，在与他们沟通的时候，我们会发现他们的沟通方式尤其是说话的方式是非常个人化、情绪化的，而这也就给我们了解他们提供了一个窗口。

英国国王乔治五世是一个严重的口吃患者，他说话总是结结巴巴，声音也非常小，在说话的时候，他不喜欢直视对方的眼睛，总看着对方领口以下的地方。而美国总统约翰·肯尼迪则是一个语速非常快的人，他声音洪亮，吐字清晰，说话的时候会用坚毅的眼神望着前方，他至今仍然保持着英文演讲的记录。

从性格上说，肯尼迪总统是一个勇敢的人，他有强烈的主观意识，喜欢以自我为中心，喜欢处于强势的地位。而乔治五世国王则是一个相当腼腆的人，他性格中有很多的阴郁成分，这可能与他生长的环境有很大的关系——他的父亲对他太过严厉了。

不同的性格可以从说话的方式上体现出来，这并不是一个多么难以理解的事实。科学家经过研究发现，人脑中控制语言的区域同样控制着人的性格，因此将语言与性格联系起来，就是一件理所应当的事情了。

从简单的表面情况来看，语速快的人性格中自我的成分占得比较多。因为在说话的时候，他们不会考虑我们的感受，过快的语速使得我们必须要集中精力去听他们的每一个字，否则会错过某一个片段。如果是在辩论的时候，对方语速过快会让我们无法插嘴，言辞之厉让我们无法招架。

不过从另一个方面来说，语速快的人思维往往是较为直接的，他们个性中勇气、果断、直来直去的因素比较大，因此面对语速快的人有一个好处，我们不用担心他们语言背后隐藏着什么，因为他们喜欢"有什么说什么"。

语速慢的人则完全是另外一种样子。有些人语速过慢，当

然，他们的语速慢并非是因为口吃，而是喜欢以一种慢语速来跟我们交谈。在与他们交谈的时候，我们无从判断他们下一句话会说什么，他们喜欢我们与之讨论，甚至不介意我们插话。

但是，从另外一个角度看，语速慢的人往往是比较固执的，虽然他们允许别人插嘴和讨论，却很难被说服。他们性格中的不确定性很严重，他们的话语中总是会隐藏着什么，他们不会直接把他们的意思告诉别人，而需要别人去揣测。

有些人说话语速正常，但肢体语言非常丰富，而且喜欢加上手势，这样一来，他们的话就显得生动多了，很容易把大家的情绪调动起来。

有这样说话习惯的人，往往性格比较外向，他们喜欢与别人分享自己的观点，同样也渴望得到别人的观点。但与此同时，这些人性格上冲动的成分比较大，在讨论问题的时候比较激动，很容易陷入极端的情绪之中。

除了上述表面的行为之外，有些人在说话的时候还会有一些特定的习惯，这些也可以帮助我们认识到他们的个性。譬如说有些人在说话的时候会带有一些特定的"词汇"，这在一定程度上就是个性的体现。

形成口头特定词汇的原因有两种。一是情感积累的结果。譬如，一个满腔热情的年轻人真挚地投入到工作当中，希望能够为单位做点贡献，却发觉自己越是干活，越是受到冷遇，反而是那些溜须拍马整天钻营的人受到领导的重视，这样慢慢他就会把"人不为己，天诛地灭"这样的话挂在嘴边上了。由此可见，当一个人多次遇到同样的情况后，积累效应就会在他平时的话语中得到体现，因此就形成了口头的特定词汇。

二是宣泄情感。比如我们看到很多人喜欢把"郁闷""纠结"这样的词挂在嘴上，但他们其实是没有什么事情好纠结和郁闷的。之所以这样说，不过是因为现代人生活节奏快，生活压力大，人心浮躁，因此需要通过这样的特定词汇来倒苦水，让心理有一个舒缓、宣泄的通道。

保持好与他人的距离

在非语言沟通中，空间距离可以显示人们相互间的各种不同关系。我们每个人都生活在一个无形的空间范围，这个空间范围是他感到必须与他人保持的间隔范围，它向一个人提供了自由感、安全感和控制感。

在人际交往中，当你无故侵犯他人的空间范围时，对方就会感到厌烦、不安，甚至引起恼怒。

一位心理学家做过这样一个实验：在一个刚刚开门的阅览室，当里面只有一位读者时，心理学家就进去拿椅子坐在他的旁边。试验进行了整整 80 个人次。结果证明，在一个只有两位读者的空旷的阅览室里，没有一个被试者能够忍受一个陌生人紧挨着自己坐下。

就一般而言，交往双方的关系以及所处情境决定着相互间自我空间的范围。美国心理学家霍尔将人际交往中关于距离的应用划分为以下四种情况：

1. 亲密距离

其近范围在约 15 厘米之内，彼此间可能肌肤相触，耳鬓厮磨，以至于相互能感受到对方的体温、气味和气息；其远范围在 15 ~ 44 厘米之间，身体上的接触可能表现为挽臂执手，或促膝谈心，仍体现出亲密友好的人际关系。

这种距离只限于在情感上联系高度密切的人与人之间，在社交场合，大庭广众，两个人（尤其是异性）如此贴近，就视为不太雅观。在同性别的人之间，往往只限于贴心朋友，彼此十分熟识而随和，可以不拘小节，无话不谈。在异性之间，只限于夫妻和恋人之间。

2. 个人距离

其近范围为 46 ~ 76 厘米之间，正好能相互亲切握手，友好交谈；其远范围是 76 ~ 122 厘米。任何朋友和熟人都可以自由地进入这个空间，陌生人进入这个距离会构成对别人的侵犯。

人际交往中，亲密距离与个人距离通常都是在非正式社交情境中使用，是与熟人交往的空间。在正式社交场合则使用社交距离。

3. 社交距离

这已超出了亲密或熟人的人际关系，而是体现出一种社交性或礼节上的较正式关系。其近范围为 1.2 ~ 2.1 米，一般在工作环境和社交聚会上，人们都保持这种程度的距离；其远范围为 2.1 ~ 3.7 米，表现为一种更加正式的交往关系。公司的经理常用一个大而宽阔的办公桌，并将来访者的座位放在离桌子一段距离的地方，这样与来访者谈话时就能保持一定的距离。

在社交距离范围内，已经没有直接的身体接触，说话时，也要适当提高声音，需要更充分的目光接触。如果谈话者得不到对方目光的支持，他（或她）会有强烈的被忽视、被拒绝的感受。这时，相互间的目光接触已是交谈中不可缺少的感情交流形式。

4. 公众距离

这是公开演说时演说者与听众所保持的距离。其近范围为约 3.7 ~ 7.6 米，远范围在 7.6 米之外。人们完全可以对处于空间的其他人装作没看到，不予交往，因为相互之间未必发生一定联系。

在现实生活中，这些距离范围并不是固定的，尤其是个人距离，是由社会规范和交流者的个性习惯所决定的，也就是说，与人们的种族、年龄、个性、文化、性别、地位和心理素质等有关。因此，在沟通中应根据不同的内容选择不同的距离。